T0128382

essentials

essentials liefern aktuelles Wissen in konzentrierter Form. Die Essenz dessen, worauf es als „State-of-the-Art" in der gegenwärtigen Fachdiskussion oder in der Praxis ankommt. *essentials* informieren schnell, unkompliziert und verständlich

- als Einführung in ein aktuelles Thema aus Ihrem Fachgebiet
- als Einstieg in ein für Sie noch unbekanntes Themenfeld
- als Einblick, um zum Thema mitreden zu können

Die Bücher in elektronischer und gedruckter Form bringen das Fachwissen von Springerautor*innen kompakt zur Darstellung. Sie sind besonders für die Nutzung als eBook auf Tablet-PCs, eBook-Readern und Smartphones geeignet. *essentials* sind Wissensbausteine aus den Wirtschafts-, Sozial- und Geisteswissenschaften, aus Technik und Naturwissenschaften sowie aus Medizin, Psychologie und Gesundheitsberufen. Von renommierten Autor*innen aller Springer-Verlagsmarken.

Vincent Sünderhauf

Grundlagen der Offpage-Optimierung

Suchmaschinenranking verbessern durch Linkaufbau, Reputationsmanagement, Content-Seeding und Co

 Springer Gabler

Vincent Sünderhauf
seosupport GmbH
Berlin, Deutschland

ISSN 2197-6708   ISSN 2197-6716 (electronic)
essentials
ISBN 978-3-658-38848-5   ISBN 978-3-658-38849-2 (eBook)
https://doi.org/10.1007/978-3-658-38849-2

Die Deutsche Nationalbibliothek verzeichnet diese Publikation in der Deutschen Nationalbibliografie; detaillierte bibliografische Daten sind im Internet über http://dnb.d-nb.de abrufbar.

Planung/Lektorat: Imke Sander
Springer Gabler ist ein Imprint der eingetragenen Gesellschaft Springer Fachmedien Wiesbaden GmbH und ist ein Teil von Springer Nature.
Die Anschrift der Gesellschaft ist: Abraham-Lincoln-Str. 46, 65189 Wiesbaden, Germany

Was Sie in diesem *essential* finden können

- Wie Sie gezielt Besucher aus anderen Quellen auf Ihre Seite führen
- Wie die Offpage-Optimierung das Ranking Ihrer Seite stärkt
- Welche Maßnahmen Sie zur Offpage-Optimierung ergreifen können

Hinweis zur Gender-Regelung
Ich verwende aus Gründen der Lesbarkeit generell die männliche Form, spreche aber selbstverständlich mit jeder Zeile alle Leser und Leserinnen dieses Buches an.

Vorwort

Die Suchmaschinenoptimierung kann auf zweierlei Wegen erfolgen. Während sich die Onpage-Optimierung auf alle Maßnahmen bezieht, die direkt auf der Seite vorgenommen werden, bezieht sich die Offpage-Optimierung auf alle Maßnahmen außerhalb des eigenen Webauftrittes. Dieser wichtige Teilbereich der SEO-Optimierung wird oftmals vernachlässigt. Die eigene Seite ist gut optimiert, mit hochwertigen Inhalten versehen und auch technisch auf dem neusten Stand. Was kann da also noch schiefgehen? Eine ganze Menge, wenn Sie das Thema Offpage-Optimierung vernachlässigen und sich auf Ihrer gut optimierten Webseite ausruhen. Mit der Offpage-Optimierung steigern Sie die Popularität Ihres Webauftrittes und erhöhen damit die Chance, dass Besucher zu Ihnen finden. Onpage- und Offpage-Maßnahmen müssen wie Zahnräder ineinandergreifen, damit sie sich gegenseitig verstärken können. Wie dies gelingt, erfahren Sie im vorliegenden Essential.

Vincent Sünderhauf

Inhaltsverzeichnis

Über den Autor

Vincent Sünderhauf leitet seit 2006 den Digital-Dienstleister seosupport mit Agenturstandorten in Berlin und München. Zu den Kunden gehören Unternehmen im KMU-Bereich, Fortune-500-Firmen und führende DAX-Konzerne bis hin zu internationalen Großunternehmen. Mit dem Ziel digitale Vermarktungsstrategien für webbasierten Verkauf in die jeweilige Firmenkultur zu integrieren, berät er mit seinem 40-köpfigem Team Kunden dabei, mehr Umsatz über das Internet zu generieren und ihre Markenbekanntheit zu erhöhen. Sünderhauf ist Experte für Suchmaschinenoptimierung, Online-Reputation, Employer Branding, Performance Marketing und digitale Unternehmenspositionierung. Er hält Vorträge für zahlreiche Organisationen sowie Unternehmen und ist als Online-Marketing-Pionier der ersten Stunde einer der versiertesten Branchenexperten deutschlandweit. Zudem unterstützt er als Lehrbeauftragter bei universitären Veranstaltungen und Vorlesungen angehende Online-Marketer. Als Co-Gründer und Business Angel ist er an verschiedenen Start-ups und Unternehmen beteiligt.

Definition: Was versteht man überhaupt unter Offpage-Optimierung?

Die Offpage-Optimierung ist eine Teildisziplin der Suchmaschinenoptimierung. Es ist ein Sammelbegriff für alle Maßnahmen, die außerhalb des eigenen Webauftritts für bessere Rankings sorgen. Dazu gehören insbesondere der Aufbau der Backlinks, die Signale aus den sozialen Netzwerken und das Reputationsmanagement. Durch die besondere Relevanz der Verlinkungen im Internet wird die Offpage-Optimierung oftmals auch gleichgesetzt mit dem Linkbuilding. Das jedoch erfasst den Begriff längst nicht in seiner Gesamtheit, denn zur Offpage-Optimierung gehört weitaus mehr.

1.1 Was ist das Ziel der Offpage-Optimierung?

Das Ziel der Offpage-Optimierung ist es, bessere Positionen der eigenen Webseite in der organischen Google-Suche zu erreichen. Allerdings muss die Suchmaschinenoptimierung dabei in ihrer Gesamtheit verstanden werden, denn eine Offpage-Optimierung allein wird Sie noch nicht auf Platz 1 katapultieren. Dafür brauchen Sie als Basis unter anderem eine gut optimierte Website mit qualitativ gutem Content. Nur dann haben Sie auch die Chance, organische Links zu generieren und sich eine gute Reputation aufzubauen.

Ein Hauptziel der Offpage-Optimierung besteht in der Steigerung der Linkpopularität, also der Anzahl der Verlinkungen, die auf die eigene Webseite verweisen. Dadurch erhöht sich auch die Domain-Popularität – also die Bedeutung der eigenen Webseite im World Wide Web. Je mehr Links auf die eigene Webpräsenz verweisen, desto mehr Zugangswege und Straßen gibt es auch zu Ihrer Webseite, über die Besucher zu Ihnen geführt werden. Wenn Sie einen Link auf eine stark frequentierte Seite setzen, dann erhöhen Sie damit die Chance, dass ein Besucher Sie auf diesem Wege findet. Es geht also bei der

V. Sünderhauf, *Grundlagen der Offpage-Optimierung*, essentials, https://doi.org/10.1007/978-3-658-38849-2_1

Offpage-Optimierung nicht ausschließlich darum, die Positionen in den organischen Rankings zu verbessern, sondern auch darum, die Auffindbarkeit der eigenen Seite im Netz allgemein zu erhöhen.

1.2   Ein Blick zurück in die Anfänge der Offpage-Optimierung

Das Internet ist ein Netzwerk, das von den Beziehungen der Seiten untereinander lebt. Als das Internet noch „leer" war, gehörten die Verlinkungen zu den wichtigsten Bestandteilen für den Aufbau des Verzeichnisses, das später unter dem Namen „Google" digitale Weltmacht erlangte. Damals stand die Quantität im Vordergrund. Es war nicht so relevant, von welchen Seiten die Links kamen, sondern dass es möglichst viele waren. Sie wurden von Webverzeichnissen und Presseportalen gesetzt; ein Eintrag in die Webkataloge Mr. Wong und Dmoz gehörten zur absoluten Pflicht bei der Offpage-Optimierung.

Es entstanden automatische Linkaufbau-Tools, die massenhaft Spam-Links setzten, um bestimmte Keywords nach vorn zu bringen. So kamen dann plötzlich tausende von Verlinkungen aus Blogkommentaren und Foren zustande. Dies funktionierte in etwa genauso gut wie das Keyword-Stuffing, bei dem ein Text nahezu sinnfrei mit ein- und demselben Keyword gespickt wurde, um in den Augen der Suchmaschinen mehr Relevanz zu bekommen. Mittlerweile ist diese Art des Webspams Gift für den eigenen Webauftritt. Google hat dazugelernt und seit diesen Anfängen unzählige Updates entwickelt.

1.3   Die wichtigsten Google-Updates für die Offpage-Optimierung

Das Pinguin-Update 2012
Mit dem Pinguin-Update wurden die Weichen für die Suchmaschinenoptimierung komplett neu gestellt. Google hatte mittlerweile erkannt, dass die schädlichen Verlinkungen keinen Mehrwert für das gesamte Suchnetzwerk haben und die Qualität der Suchergebnisse teilweise massiv negativ beeinflussten. Seiten, die offensichtlich eine große Anzahl an manipulierten Links hatten, wurden mit einer Google Penalty abgestraft. Bis heute geht Google mit aller Härte gegen unnatürliche Linkstrukturen vor, weshalb die Offpage-Optimierung immer mit Bedacht durchgeführt werden muss.

Das Medic Update 2018

Zwischen dem Pinguin und dem Medic Update lagen einige Jahre, in denen Google sich hauptsächlich auf die Qualität der Seite und deren Inhalt fokussierte. Das Medic Update nahm jetzt wieder eine Vogelperspektive ein und betrachtete die Gesamtheit der Seite und die drei berühmten Faktoren E-A-T:

- Expert
- Authority
- Trustworthiness

Google zeigte mit diesem Update, wie wichtig die Vertrauenswürdigkeit einer Webseite ist und dass auch wichtige Faktoren wie der Expertenstatus des Autors eine Rolle im Ranking spielen. Das Update betraf vor allem Seiten mit sensiblen Inhalten wie Domains rund um die Themen Finanzen oder Gesundheit. Wurden auf betroffenen Webseiten sachlich falsche Inhalte gefunden, dann wirkte sich dies negativ auf die Positionierung aus.

1.4   Wie funktioniert eine Suchmaschine?

Um überhaupt ein Gespür dafür zu entwickeln, warum die nachfolgend beschriebenen Maßnahmen zur Offpage-Optimierung wichtig und sinnvoll sind, sollten Sie ein paar grundlegende Kenntnisse über die Funktionsweise der Suchmaschinen bekommen. Jede Suchmaschine – Google, Yahoo, Bing, Ecosia – funktioniert mit einem eigenen Algorithmus. Wenn Sie einen Suchbegriff bei Google eingeben, dann werden ganz andere Ergebnislisten erstellt als für den gleichen Begriff bei Yahoo. Bei einem Marktanteil von über 97 % in Deutschland lohnt es sich vor allem, sich auf die Anpassung der eigenen Webpräsenz an den Google-Algorithmus zu fokussieren. Dieser Algorithmus ist aber nicht statisch, sondern wird kontinuierlich weiterentwickelt. Das Ziel der Suchmaschinen ist es, für jede Suchanfrage ein möglichst exaktes Ergebnis auszuliefern und die Ergebnisse nach Relevanz zu sortieren.

1.4.1   Hinter den Kulissen: Der Aufbau einer Suchmaschine

Um die Funktionsweise einer Suchmaschine zu verstehen, sollten Sie drei wichtige Begrifflichkeiten kennen.

- **Der Index**
  Wenn Sie in den Suchschlitz bei Google eine Anfrage eingeben, dann durch-
  sucht Google in Sekundenbruchteilen den sogenannten Index nach passenden
  Seiten. Dabei handelt es sich um ein Abbild des World Wide Web. Dieser
  Index bildet nicht das gesamte Internet ab, denn E-Mail-Programme, FTP-
  Programme und auch das Usenet sind nicht Teil des Index. Sie können sich den
  Index wie eine Art Karteikasten vorstellen, der bereits vorsortiert ist. Wird eine
  Anfrage gestellt, kann die Suchmaschine in diesem Karteikasten per sofort auf
  die Ergebnisse zugreifen. Würde der Index bei jeder Suchanfrage neu erstellt
  werden, dann würde eine Live-Suche vermutlich Tage oder Wochen dauern.
  Da täglich neue Webseiten hinzukommen und bestehende Seiten aktualisiert
  werden, wird auch der Index immer wieder neu gespeichert.
- **Die Crawler**
  Um einen solchen Index überhaupt erstellen zu können, kommen Crawler
  (auch Spider oder Robots genannt) zum Einsatz. Diese folgen Hyperlinks
  und finden darüber neue Seiten. Seiten, die überhaupt nicht verlinkt sind,
  können demnach auch nicht gefunden werden. Hinter dem Crawling steht
  ein komplexer, mehrstufiger Prozess, in dem bereits bekannte von den neuen
  Seiten separiert werden. Neue Seiten werden über den URL-Server verwal-
  tet und analysiert – sowohl auf ihre inhaltliche Ausrichtung als auch darauf,
  ob sie den Google-Richtlinien entsprechen. Seiten, die unerlaubte Techniken
  wie zum Beispiel das Cloaking einsetzen, werden gar nicht erst in den Index
  aufgenommen und sind daher auch nicht zu finden in der Google-Suche.
- **Die Searcher**
  Wird eine Suchanfrage gestellt, dann muss Google die Intention dahinter verstehen. Es macht schließlich einen Unterschied, ob ich eine Wohnung mieten
  oder vermieten möchte. Google untersucht mithilfe der Searcher die Semantik
  einer Suchanfrage, um möglichst exakte Ergebnisse ausliefern zu können.

1.4.2   So finden Suchmaschinen eine Webseite

Mit diesem Vorwissen können Sie nun auch nachvollziehen, wie Google Ihre
Webseite unter dem gewünschten Suchbegriff finden kann. Wenn Sie eine
Suchanfrage stellen, dann setzt sich ein 3-stufiger Prozess in Gang.

1. **Eintragung des Suchbegriffes**
   Der Suchbegriff wird vom Nutzer in das Suchfeld eingetragen.

2. **Der Index wird von den Crawlern durchsucht**
Die Webcrawler durchsuchen den zuvor erstellten Index auf die passenden Ergebnisse.

3. **Die Ergebnisliste wird erstellt**
Alle Treffer werden nun der Relevanz nach sortiert und als Ergebnisliste zusammengestellt. Welches Ergebnis an welcher Stelle erscheint, wird durch den Algorithmus beeinflusst.

1.4.3 Wie funktioniert der Algorithmus von Google?

Neben dem Rezept für Coca-Cola ist dies wohl das am besten gehütete Geheimnis der Welt. Das Unternehmen selbst gibt zwar in seinen Richtlinien und den Updates kontinuierlich Hinweise und Tipps heraus – eine detaillierte Vorstellung des Suchalgorithmus bis in den letzten Winkel hinein existiert aber nicht. Daher sind wir in der Optimierung auf Erfahrungswerte angewiesen, Tests und vor allem auf das Verständnis dafür, was Google von einer Webseite erwartet.

Dieser kleine Exkurs wird Ihnen dabei helfen, die genannten Maßnahmen zur Offpage-Optimierung nicht nur umzusetzen, sondern sie auch zu verstehen.

1.5 Die Link-Popularität als Beliebtheitsindikator

Wenn Sie sich mit dem Thema der Offpage-Optimierung beschäftigen, dann wird Ihnen ein Begriff immer wieder begegnen: die Link-Popularität. Diesen Indikator verwendet Google dafür, die Beliebtheit einer Seite zu messen. Für die Bewertung zieht die Suchmaschine sowohl die Anzahl als auch die Qualität der Backlinks heran. Als Faustregel für die Linkpopularität gilt: Je häufiger eine Domain von unterschiedlichen anderen Domains verlinkt wird, desto beliebter ist sie. Nicht nur Google, sondern auch alle anderen Suchmaschinen nehmen diese Art der Linkbewertung vor.

Die Linkpopularität wird mittlerweile zunehmend durch die Domain-Popularität abgelöst. Während es im Rahmen der Optimierung der Linkpopularität noch fast uneingeschränkt möglich und sinnvoll war, massenhaft Verlinkungen von einer Seite auf eine andere zu setzen, ist das Pushen einer Seite auf diesem Wege jetzt nicht mehr uneingeschränkt möglich.

1.6   Die Klick-Popularität einer Webseite

In Abgrenzung zur Linkpopularität gibt es mit der Klick-Popularität einen weiteren Indikator für die Webseitenbewertung. Die Linkpopularität ist leicht manipulierbar, indem zum Beispiel durch einen Linkkauf oder einen Linktausch massenhaft manipulierte und unnatürliche Links gesetzt werden (dazu in einem späteren Kapitel mehr). Bei der Klick-Popularität wird das tatsächliche Interesse der Nutzer gemessen, diesem Link auch zu folgen. Verlinkungen, die konsequent von den realen Besuchern ignoriert werden, scheinen für diese Seite nicht relevant zu sein. Dies registriert Google ebenso genau wie das Verhalten der Besucher, nachdem sie auf einen Link geklickt haben. Es handelt sich damit um eine Art Qualitätsindex.

Vorarbeit 2

Bevor Sie mit der Offpage-Optimierung beginnen, sollten Sie den IST-Zustand Ihrer Domain in Bezug auf die Offsite-Faktoren kennen. Im Kern geht es hier darum, eine Backlink-Analyse durchzuführen und die Domain-Popularity zu prüfen. Dafür empfehlen wir Ihnen die folgende Vorgehensweise.

2.1 Link Audit

Beim Link Audit geht es darum herauszufinden, wie es um das eigene Linkprofil bestellt ist. Sie sollten einerseits analysieren, wie viele Links von welchen Domains auf Ihre Seite verweisen und ob es sich dabei tendenziell um gute oder um schlechte Links handelt.

2.1.1 Link Audit über die Search Console durchführen

Eine recht einfache und kostenlose Möglichkeit des Link Audits finden Sie in der Search Console von Google, an die jede Webseite angebunden sein sollte. Vorweg: Für diesen Schritt der Offpage-Optimierung sollten Sie einige Zeit einplanen, denn es erfordert oftmals einen hohen manuellen Aufwand. Trotzdem ist dieser Schritt elementar und darf nicht vernachlässigt werden.

In der Search Console finden Sie einen Reiter „Links" und eine Kachel mit der Bezeichnung „Top-verweisende Webseiten". Hier sind alle Domains aufgelistet, die auf Ihre Webseite verlinken.

Sie können sich diese Übersicht als Excel-Datei auf Ihren Rechner ziehen und haben damit eine komplette Auflistung der externen Links, die auf Ihre Domain verweisen. Jetzt erfolgt der Schritt, für den Sie Zeit einplanen sollten, denn Sie

© Der/die Autor(en), exklusiv lizenziert an Springer Fachmedien Wiesbaden   7
GmbH, ein Teil von Springer Nature 2022
V. Sünderhauf, *Grundlagen der Offpage-Optimierung*, essentials,
https://doi.org/10.1007/978-3-658-38849-2_2

müssen im Folgenden jede einzelne Seite aufrufen und diese auf 3 Faktoren überprüfen:

1. Wie hoch ist die Relevanz der Seite für meine eigenen Inhalte?
2. Wie hoch ist die Qualität der Inhalte auf der Seite?
3. Wie hoch ist die Qualität der verlinkenden URL?

Alle Verlinkungen, bei denen Sie feststellen, dass es sich um qualitativ schlechte Links handelt, sollten Sie jetzt in der Datei markieren. Lokale Unternehmen sollten zudem darauf achten, dass die Informationen zu Öffnungszeiten, Kontaktmöglichkeiten etc. der verlinkenden Seite aktuell sind. Alle Domains, die nicht die geforderten Qualitätskriterien erfüllen, müssen später entwertet werden. Wir erklären Ihnen in einem eigenen Kapitel dieses Buches, wie das funktioniert.

2.1.2 Backlink Audit mithilfe von Tools durchführen

Es gibt zahlreiche Tools auf dem Markt, die einen Backlink-Check anbieten, allen voran Xovi oder semrush. Die Funktionsweise ist simpel. In der Regel geben die Tools automatisch eine Bewertung der Link-Qualität der verweisenden Webseiten ab, sodass Sie toxische Webseiten schnell erkennen. Wenn Sie dem Tool (z. B. semrush) einen Zugriff auf die Search Console erlauben, dann können Sie verdächtige Verlinkungen direkt im Disavow-Tool löschen lassen (dazu aber in einem späteren Kapitel mehr).

2.1.3 Prüfung der Follow- und Nofollow-Links

Es gibt zwei Arten der Linkbewertung: Follow- und Nofollow-Links. Für Webseitenbesucher sehen beide Linkarten vollkommen identisch aus und verweisen durch einen Klick auf eine andere Webseite. Der Unterschied wird erst im Quellcode sichtbar. Ein Nofollow-Link ist im Quellcode einer Seite mit dem rel = "nofollow"-Tag gekennzeichnet:

Was es mit dem Nofollow-Tag auf sich hat
Wir steigen an dieser Stelle bereits etwas tiefer in die Offpage-Optimierung ein, da es aus unserer Sicht entscheidend ist, diese Linkbezeichnungen zu kennen und im Rahmen der Vorarbeit zu identifizieren. Das Nofollow-Tag wurde von Google 2005

eingeführt, um Spam-Kommentare zu bekämpfen und zu entwerten. Webseitenbetreiber versuchten zu diesem Zeitpunkt, einen massiven Linkaufbau zu betreiben, indem sie die Kommentarfunktion in Blogs nutzten, um dort Werbung in eigener Sache zu machen. So tauchte dann plötzlich unter einem Beitrag zum Thema „Urlaubsreisen in die Karibik" in den Kommentaren ein Linktext auf „Hier Potenzmittel günstig kaufen". Damit ein solcher Link den Seitenbetreibern keinen Schaden zufügen konnte, hatten sie mit dem Nofollow-Tag jetzt die Möglichkeit, diesen zu entwerten.

Heute fügen bekannte Content-Management-Systeme den Nofollow-Tag bereits standardmäßig in Kommentaren hinzu, sodass Kommentarschreiber weniger Anreiz haben, dies als Plattform für ihren Linkaufbau zu missbrauchen. Links, die auf Nofollow gesetzt sind, werden von Google nicht gecrawlt.

Im Rahmen der Vorarbeit soll es nun erst einmal darum gehen, die Follow- und die Nofollow-Links zu identifizieren.

2.1.4 Prüfung der Ankertexte

Neben der Art und der Qualität des Links spielt es auch eine Rolle, mit welchem Linktext er auf Ihre Seite verweist. Ein simples Beispiel: Wenn Sie auf Ihrer Seite „Hosen" verkaufen wollen, dann sollte das Hauptkeyword auch im Ankertext vorkommen. Ankertexte wie „Jetzt klicken" oder „Hier weiterlesen" haben keine so starke Bedeutung wie Ankertexte mit dem Verweis „Hier rote Hosen Gr. 38 kaufen". Je konkreter und relevanter der Ankertext, desto besser.

Gute Backlink- bzw. Ankertexte sind:

- Der Marken- oder Firmenname
- Autorennamen
- Dienstleistungen

Die Ankertexte können Sie ebenfalls über die Search Console überprüfen. Dazu gibt es einen Reiter unter „Links" -> „Top verweisender Text". Diesen können Sie sich ebenfalls herunterladen und manuell überprüfen. Die meisten Tools wie Sistrix, Xovi oder seobility kennzeichnen die Nofollow und Dofollow-Links in ihrer Analyse, sodass Sie darüber eine gute Übersicht haben, welche Linkarten auf Ihre Webseite verweisen. Im nächsten Schritt gilt es jetzt zu überprüfen, ob es schädliche Links gibt, die auf „follow" gesetzt sind.

2.1.5   Überprüfung der Deeplink Ratio

Die Deeplink Ratio zeigt das Verhältnis der Links an, die von anderen Domains auf die Startseite verweisen und denen, die auf tiefergehende Unterseiten verlinken. Hier sollte ein ausgewogenes Verhältnis bestehen. Das Ziel im Rahmen der Offpage-Optimierung ist es, eine natürliche Deeplink Ratio aufzubauen. Die Formel dabei lautet schlicht:

Deeplink Ratio = Anzahl der Deeplinks: Anzahl der Links auf die Startseite
Sie können sich die Deeplink Ratio für Ihre Domain mit speziellen Tools wie Seolytics anzeigen lassen.

Wichtig ist, dass nicht alle Links auf die Startseite verweisen – das ist für Google ein Hinweis auf Manipulationen. Es sollten entsprechend auch Verlinkungen vorhanden sein, die auf Unterseiten zeigen.

2.1.6   Überprüfung der Link-Relevanz

Wenn Sie Ihre externen Verlinkungen genauer unter die Lupe nehmen, dann sollten Sie neben den bereits genannten Faktoren auch überlegen, ob der Link überhaupt eine Relevanz für Ihre Seite hat. Welchen Zusammenhang kann es zwischen einem Reiseblog über Rucksackreisen nach Island und einem Angebot für den Thermomix geben? Google erkennt längst semantische Zusammenhänge und auch, wenn es eben keine gibt.

2.2   Überprüfung der IP-Popularity

Es spielt bei der Offpage-Analyse und der Bewertung von Links eine Rolle, auf welchen Servern die Seiten lagern, die auf Ihre Domain verlinken. Verlinkungen haben generell einen höheren Wert, wenn sie von verschiedenen Servern bzw. von C-Class-Netzen gesetzt wurden.

Hintergrund dieser Analyse: Beim künstlichen Linkaufbau kam es häufig vor, dass Links vom gleichen Hoster gesetzt wurden, die den gleichen Netzwerk-Adressbereich hatten. Wenn Sie im Rahmen der Offpage-Optimierung aber eine gut IP-Popularity erreichen wollen, sollten Sie ein möglichst diversifiziertes Linkprofil anstreben. Dazu gehört es auch, dass die Links eben von unterschiedlichen Servern stammen. Für die Überprüfung können Sie verschiedene Tools einsetzen wie zum Beispiel den Backlink-Checker von seo-united.

2.3   Überprüfung der Seite auf Bad Neighborhood

Als Bad Neighborhood werden Webseiten bezeichnet, die gegen die Richtlinien von Google verstoßen. Wer einen Link von einer solchen Seite bekommt, der kann ebenfalls von der Abstrafung betroffen sein. Daher ist es sehr wichtig, zu überprüfen, ob eine solche schlechte Nachbarschaft für Ihre Seiten existiert.

Bad-Neighborhood-Seiten können sein

* Domains, die bereits als Spam-Seiten bekannt sind
* Webseiten mit „Thin Content" (dünne, gehaltlose Inhalte)
* Webseiten mit vielen gekauften Links
* Domains, die Urheberrechtsverletzungen betreiben

Was oftmals als Gerücht durch die SEO-Landschaft geistert: Es hat noch keine negativen Auswirkungen auf die eigene Seite, wenn sich eine Bad-Neighborhood-Domain auf demselben Server befindet. Erst die Verlinkung macht die schlechte Nachbarschaft aus. Matt Cutts, der Chef des Antispam-Teams von Google hat dies deutlich klargestellt. Allerdings sollten Sie Ihre Seite vorsichtshalber auch nicht auf einem Server parken, der bereits dafür bekannt ist, dass er en masse Seiten mit negativer Beurteilung hostet. Sicher ist sicher.

Woran Sie Bad-Neighborhood-Seiten erkennen können
Wenn Ihnen im Rahmen der Linkanalyse Seiten auffallen, die vollkommen unbekannt sind oder zum Beispiel einen kryptischen Domainnamen haben, sollten Sie sich diese Seiten genauer ansehen. Einen Hinweis auf eine schlechte bzw. eine SPAM-Seite liefert immer der Inhalt. Keywordlastige Textwüsten, schlecht übersetzte Seiten oder Unterseiten, die massenhaft mit Fehlern besetzt sind, sind schon einmal kein gutes Zeichen. Ein Link von solchen Seiten mit schlechtem Content bringt Ihnen keine Punkte. Letztlich müssen Sie bei der Überprüfung immer den gesunden Menschenverstand walten lassen.

Was Sie tun können, wenn Sie eine Bad-Neighborhood-Seite identifiziert haben, erklären wir im Abschnitt der Offpage-Optimierung.

2.4   Analyse der Social Signals

Die Nutzung der sozialen Netzwerke wie Google & Co. ist lange nicht mehr nur privater Natur. So hat die Teilnahme und die Nutzung von Facebook, LinkedIn, Instagram & Co auch einen Einfluss auf die Suchmaschinenoptimierung und das Ranking der eigenen Seite. Je aktiver ein Unternehmen im Social Web ist, je mehr Postings es verbreitet und je mehr Nutzer auf diese Beiträge reagieren, desto mehr Social Signals werden auch ausgesendet. Es zählt dabei also nicht nur der eigene Content, sondern auch die Likes und Shares. Die Anzahl der Social Signals können Sie mit speziellen Tools abfragen wie zum Beispiel dem Social Signals Tool von Webcellent.

Wenn Sie all diese Daten gesammelt haben, dann ist die Vorarbeit abgeschlossen. Jetzt können Sie mit der Offpage-Optimierung beginnen.

Links: Das Herz der Offpage-Optimierung

Das gesamte Konzept der Suchmaschine beruht darauf, dass die einzelnen Seiten ein großes, überdimensionales Netzwerk bilden. Dieses Netzwerk basiert auf der Tatsache, dass Webseiten sich untereinander verlinken, um Nutzer auf weiterführende Themen zu verweisen. Wichtig ist dabei immer im Hinterkopf zu haben, dass es Google & Co. nicht darum geht, einfach ziellos Vernetzungen zu produzieren. Der Sinn des Ganzen besteht darin, dass die Nutzer einen Mehrwert bekommen und zu einem Thema, das sie interessiert, zusätzliche Informationsquellen finden. Diesen Grundgedanken sollten Sie bei der Offpage-Optimierung immer im Hinterkopf behalten. Am Ende ist ein Link auf Ihrer Seite immer wie eine Empfehlung. Und einen guten Freund würden Sie ja auch nicht zu einem schlechten Friseur schicken, damit sie am Ende besser aussehen als er, oder?

3.1 Grundlagenwissen zu Links im Internet

Verlinkungen stellen redaktionelle Bewertungen dar und das auf beiden Seiten. Wenn Sie einen Link zu einer anderen Domain setzen, dann empfehlen Sie Ihren Besuchern deren Inhalte. Auch andersrum empfiehlt die verweisende Seite Ihren Content. An dieser Stelle schließt sich der Kreis: Die Offpage-Optimierung kann niemals ohne eine gute Onpage-Optimierung funktionieren. Denn nur gute Inhalte und klar strukturierte Seiten können am Ende organische Empfehlungen generieren.

Bei der Suchmaschinenoptimierung geht es im Allgemeinen darum, durch gezielte Maßnahmen mehr Traffic (und damit auch mehr Umsätze) über die eigene Webseite zu generieren. Diesem Ziel kommen Sie durch einen professionellen, organischen Linkaufbau auf zweifache Weise näher:

© Der/die Autor(en), exklusiv lizenziert an Springer Fachmedien Wiesbaden GmbH, ein Teil von Springer Nature 2022
V. Sünderhauf, *Grundlagen der Offpage-Optimierung*, essentials,
https://doi.org/10.1007/978-3-658-38849-2_3

- **Links senden positive Signale an die Suchmaschinen**
  Verlinkungen werden von Google wie Empfehlungen gewertet. Je mehr andere
  Webseiten Ihre Inhalte empfehlen, desto besser sind auch die Signale, die an
  die Suchmaschinen gesendet werden.
- **Mehr Wege zu Ihrer Webseite**
  Jeder Link ist ein neuer Pfad, über den Besucher auf Ihre Webseite gelangen. Sie können also allein durch die Erweiterung der Pfade bereits neue
  Besucherwege generieren.

3.1.1 Gütekriterien von Links

Link ist nicht gleich Link. Während es in den Anfängen des Linkbuildings
noch funktionierte, einfach auf Quantität zu setzen und massenhaft Verweise zu
generieren, wird heute eine qualitative Art des Linkbuildings empfohlen. Die verweisenden Seiten bzw. die Quellseiten werden unterschiedlich gut oder schlecht
von Google bewertet. Daher ist die Reputation der verlinkenden Seite wesentlich
für den erfolgreichen Aufbau einer guten Linkstruktur. Demnach unterscheidet
man auch zwischen unterschiedlichen Linkqualitäten.

Entscheidend für eine gute Linkstruktur ist die Frage, ob die Links natürlich
generiert wurden, ob es sich um gekaufte Links handelt und ob ein vielfältiger und ausgewogener Linkmix besteht. Google erkennt sofort, wenn die Anzahl
der Verlinkungen plötzlich sprunghaft zunimmt und sieht sich das Ganze dann
genauer an. Werden Unregelmäßigkeiten festgestellt oder ist klar ersichtlich, dass
eine Seite Spam-Links kauft, dann führt dies in den meisten Fällen zu einem
Penalty.

3.1.2 Qualitätskriterien von Links

Ein Link ist nicht gleich automatisch genauso wertvoll wie ein anderer. Es
macht einen Unterschied, wer den Link gesetzt hat und von wo er kommt. Hier
hat sich in den vergangenen Jahren viel geändert. Früher war es entscheidend,
welchen Page Rank die verlinkende Seite hatte – je höher, desto besser. Ein
Backlink von einer Seite mit dem Page Rank 6 oder 7 war heiß begehrt von
Webseitenbetreibern. Heute steht eher die Relevanz des Links an erster Stelle.

Es ist entscheidend, dass die verlinkende Domain thematisch zu Ihren Inhalten
und im speziellen zu dem Inhalt passt, auf den sie verweist. Andernfalls ist der

Link nahezu wertlos. Darüber hinaus spielt es aber weiterhin eine Rolle, welche Authority die Domain hat und welchen Ruf sie im Internet genießt. Das können Sie mit externen Tools wie Moz oder Ahrefs überprüfen.

3.1.3 Die Relevanz der Linkattribute

Über die Vergabe der Linkattribute können Sie Google darüber informieren, in welcher Beziehung Sie mit der verlinkten Seite stehen. Relevant sind dafür die folgenden 4 Attribute:

- **UGC**
  Mit diesem Attribut kennzeichnen Sie Backlinks aus User Generated Content. Es wird zum Beispiel verwendet, wenn ein Nutzer in der Kommentarfunktion einen Link setzt.
- **Sponsored**
  Mit dem Sponsored-Attribut kennzeichnen Sie gekaufte Backlinks.
- **Nofollow**
  Alle anderen Links, die keinen Einfluss auf das Ranking nehmen sollen, um zu vermeiden, dass sie als Spam oder unnatürliche Links erkannt werden, werden mit dem Nofollow-Attribut gekennzeichnet. Sie haben zwar dann auch keinen direkten Einfluss auf das Ranking, führen aber trotzdem Besucher auf die Seite, was sich wiederum indirekt auf Ihre Positionierung auswirkt.
- **Dofollow**
  Last but not least gibt es das Dofollow-Attribut, das immer dann verwendet wird, wenn es sich um einen natürlich gesetzten Link handelt. Dieser hat dann auch Einfluss auf das Ranking.

Es gibt noch eine Reihe weiterer Attribute, die in den Google-Webmaster-Richtlinien aufgezählt werden, inklusive des Hinweises, wie diese Attribute in welchem Zusammenhang verwendet werden sollten. Insbesondere das Nofollow-Attribut verlangt an dieser Stelle noch einmal eine besondere Aufmerksamkeit, da es eine Art Revolution im Linkaufbau darstellte.

Das Nofollow-Attribut und seine Bedeutung für den Linkaufbau
Im September 2019 überraschte Google alle Webseitenbetreiber mit der besonderen Nachricht, dass es in Zukunft eine neue Herangehensweise im Umgang mit Verlinkungen gibt. Bis dato gab es bereits das Nofollow-Attribut, das aber noch eine ganz

andere Wertigkeit besaß. Im Zuge dessen wurden auch die beiden neuen Attribute „UGC" und „SPONSORED" eingeführt.

Vor diesem denkwürdigen Datum wurde alles, was mit „Nofollow" gekennzeichnet wurde, fast zu 100 % aus der Berechnung ausgeschlossen. Ab September wurden nun aber doch Nofollow-Links in die Bewertung mit einbezogen. Was änderte sich dadurch? Es gab bis dato einige findige Webseitenbetreiber, die Links getauscht oder gekauft und aus Angst vor Abstrafung mit „Nofollow" gekennzeichnet hatten. Dazu aber der Hinweis, dass ein Großteil gekaufter Links weiterhin mit „Dofollow" gekennzeichnet ist, da ja in der Vererbung des Linkjuice der Sinn solcher Geschäfte steckt. Wer aber trotzdem schlechte oder Bad-Neighborhood-Links mit Nofollow „entwertet" hatte, konnte sich seit September 2019 nicht mehr darauf verlassen, dass der Link auch wirklich entwertet ist. Es blieb also jetzt nur noch die Möglichkeit, diese Links über die Search Console zu disavowen, was bereits weiter oben ausführlicher beschrieben wurde.

Die Nachricht hatte teilweise für Seitenbetreiber auch positive Auswirkungen. Wer zum Beispiel eine Verlinkung von Wikipedia besaß, konnte nun darauf hoffen, dass sie trotz Nofollow-Attribut doch in die eigene Seitenbewertung mit hineinspielte.

3.1.4   Page Rank vs. Trust Rank

Lange Zeit galt der Page Rank als das Gütesiegel für Webseiten. Google stufte Webseiten in eine Bewertungsskala zwischen 1 und 10 ein – eine Webseite mit Page Rank 5 war damit automatisch „besser" oder „wichtiger" als eine Seite mit einem Wert von 4. Namensgebend für den Page Rank war der Google Mitbegründer Larry Page, der die Stärke einer Webseite (und nicht deren Nutzen oder deren Qualität) zum wichtigsten Bewertungskriterium machte. Zahlreiche Tools wiesen die Zahl aus und Webmaster prüften mit Ehrfurcht regelmäßig, ob sich an der Bewertung in die eine oder andere Richtung etwas getan hatte. Aus dem Page Rank ist heute der Tust Rank geworden, der das Prinzip noch weiter verfeinert hat.

Was ist der Trust Rank?
Der Trust Rank selbst wurde im Jahr 2004 entwickelt, um SPAM-Seiten noch besser identifizieren zu können. Es handelt sich dabei um einen eigenen Google Algorithmus, der einer Webseite ihre Vertrauenswürdigkeit zuweist. Google hat ein großes Interesse daran, in den Ergebnislisten lediglich vertrauenswürdige Webseiten

mit geprüften Inhalten einzustellen, denn kein Nutzer möchte auf eine Spam-Seite weitergeleitet werden.

Der Trust Rank basiert auf der Annahme, dass vertrauenswürdige Seiten nicht auf Spam-Seiten verweisen. Die Vertrauenswürdigkeit wird also von Seite zu Seite weitervererbt. Spam-Seiten werden dagegen in der Regel niemals von vertrauenswürdigen Seiten verlinkt. Im Rahmen der Onpage-Optimierung sollte Ihr Bemühen also dahin gehen, dass Sie möglichst viele Links von anerkannten, lange bestehenden und vertrauenswürdigen Seiten bekommen.

Die Bewertungskriterien des Trust Ranks
Google wendet mittlerweile nach eigener Aussage mehr als 200 Bewertungskriterien an, um die Wichtigkeit einer Webseite einzuschätzen. Der Page-Rank-Algorithmus ist dabei weiter aktiv, allerdings stehen dahinter mittlerweile hochspezialisierte Technologien, die die Signale analysieren und für gut oder für schlecht befinden.

Der Ausgangspunkt der Trust- oder auch der Page-Rank-Idee sind Webseiten, die das höchste Renommée genießen. Dazu gehören zum Beispiel Domains der Regierung, der Ämter oder auch die der Universitäten. Hier sollten die Inhalte fachlich und rechtlich geprüft seine, und es sollten auch keinerlei Methoden angewendet werden, die die Google-Richtlinien verletzen. Wer einen Link von diesen Seiten bekommt, der bekommt auch ein wenig von deren Ruhm. Dieses Prinzip der Autorität bzw. der Vertrauenswürdigkeit ist ein wichtiges Prinzip des Algorithmus.

Von welchen Kriterien ist ein guter Trust Rank abhängig?
Wie bereits erwähnt, gibt es eine Vielzahl von Signalen, die in den Trust Rank einspielen. Die wesentlichen sollten Sie kennen, wenn Sie eine seriöse und erfolgreiche Offpage-Optimierung betreiben wollen.

- *Seriosität der Linkquelle*
  Der Trust Rank bemisst sich an der Seriosität einer Linkquelle und deren Linkpolitik. Würde die Seite der Universität plötzlich massenhaft Spam-Links ein- oder verkaufen, dann würde nicht nur ihre eigene Popularität aufgelöst werden, sondern auch der „Linkjuice" der Seiten, auf die bislang per Link verwiesen wurde. Vertrauenswürdige Seiten müssen sich ihr Vertrauen verdienen, indem sie zu keinem Zeitpunkt die Richtlinien der Suchmaschine verletzen.
- *Inhaltliche Qualität der verweisenden Seite*
  Auch die inhaltliche Qualität einer verweisenden Domain ist ein wichtiger Faktor und nicht nur ihre Linkstärke. Die Kriterien für guten und hochwertigen Content können jederzeit in den Google-Richtlinien nachgelesen werden. Nur

so viel dazu: Es müssen gehaltvolle, lesbare Texte mit Mehrwert sein, die gut strukturiert sind und ein Thema vollumfänglich behandeln, ohne dabei unnötig auszuschweifen. Links von Linkfarmen ohne verwertbare Inhalte haben heute keinen Mehrwert mehr für die Suchmaschinenoptimierung.

- *Alter der Domain*
  Klar ist: Einer jungen Domain, die gerade erst online gestellt wurde, kann Google noch nicht zu 100 % vertrauen. Der Trust Rank verbessert sich mit dem Domainalter. Man sagt, sobald eine Domain über zwei Jahre lang auf einen Domainnamen registriert ist, verbessert sich auch deren Trust Rank (sofern kein Linkspam etc. darauf betrieben wird). Eine Domain, die über mehrere Jahre gute Inhalte verbreitet und noch nie negativ aufgefallen ist, hat einen höheren Trust bei Google als junge und neue Seiten.

  Das Ganze funktioniert aber auch andersherum. Wenn Sie eine Domain kaufen, die schon einmal besetzt gewesen ist, sollten Sie sich unbedingt über deren Vergangenheit informieren. Sollte die Domain bereits einmal für unseriöse Zwecke verwendet worden sein, dann lassen Sie unbedingt die Finger davon. Es kann sehr schwer und langwierig sein, das Vertrauen von Google für diese Seiten wiederaufzubauen. Oftmals bestehen zudem noch massenhaft externe Links von Spam-Seiten, die immer noch auf diese Domain verweisen und Ihnen damit schaden.

  Sie können die Domainhistorie über Tools wie zum Beispiel die WayBack-Maschine prüfen, die unter https://archive.org/web/erreichbar ist.

- *Anzahl der ausgehenden Links*
  Stellen Sie sich eine verweisende Webseite wie einen großen Kuchen vor. Je weniger Menschen etwas von dem Kuchen abhaben wollen, desto größer können die Stücke geschnitten werden. Will sagen: Je weniger ausgehende Links die Seite hat, desto besser für Sie. Ein Link auf Ihre Seite wird dann entsprechend höher gewertet. Man kann also sagen, dass Google die Linkquelle nach den gleichen Kriterien bewertet, die auch sonst für die Google-Optimierung wichtig sind. Alle Maßnahmen und Kriterien, die für die Bewertung der eigenen Webseite zugrunde gelegt werden, gelten auch für die verweisende Quelle. Je besser die Seite, desto besser der Link. Das ist die einfache Formel für den Linkaufbau im Rahmen der Offpage-Optimierung.

- *Nachträgliche Links*
  Der Trust Rank setzt sich aus vielen Details zusammen, die eine unterschiedliche Relevanz haben. Eines dieser Details gilt dem Zeitpunkt, zu dem der Link gesetzt wurde. Wurde ein Link nachträglich in einen Text eingebaut, dann ist er nicht so viel wert wie ein Link, der direkt bei der Veröffentlichung des Textes bereits gesetzt worden ist.

- *Position des Links*
  Links, die in den Fließtext eingefügt sind, haben eine größere Bedeutung als Verlinkungen, die irgendwo unsichtbar in den Footer geschoben wurden.
- *URL*
  In der Regel gilt die Startseite als stärkste und auch wichtigste Seite eines Internetauftrittes. Erst danach kommen die vielen Unterseiten, die je nach Position und Entfernung von der Startseite eine unterschiedliche Bedeutung haben. Demnach sind Verweise von der Startseite in der Regel wertvoller als Links, die aus den Tiefen des Webauftrittes gesetzt wurden.
- *Besucherverhalten*
  Die Suchmaschinen werten nicht nur den Link und die Qualität des Links selbst aus, sondern auch das Verhalten der Besucher, die über den Link auf Ihre Seite kommen. Bleiben sie dort eine Weile, stöbern sie durch das Angebot oder erzeugen sie sogar eine Conversion? Wunderbar, dann ist dies ein positives Signal und der Link ist wertvoll. Verlassen die Besucher die Seite aber nach der Weiterführung sofort wieder, dann erkennt Google, dass es sich scheinbar nicht um einen themenrelevanten Verweis handelt, und der Link verliert an Bedeutung. Auch die Quantität des Traffics spielt eine Rolle.
- *Der Ankertext*
  Weiter oben im Kapitel über die Vorbereitungen der Offpage-Analyse haben wir bereits erwähnt, dass der Ankertext bzw. der Linktext ebenfalls eine Bedeutung im Linkbuilding besitzt. Er sollte zur verlinkten Seite passen und im Idealfall auch das Hauptkeyword der Seite beinhalten. Zudem sollte der Ankertext aktiv formuliert sein, zu einer Call-to-action einladen und auch optisch für Nutzer gut zu erkennen sein. Die meisten Webdesignprogramme und Content-Management-Systeme heben Verlinkungen bereits automatisch aus dem Text hervor, indem sie sie unterstreichen und farbig (meist Blau) kennzeichnen.

Vorsicht bei Verlinkungen auf Money-Keywords!

Wenn im Text ein Link auf „Auto" oder „Versicherung" gesetzt wird, dann gehen bei Google alle Alarmglocken an. Solche Links sind meistens gekauft und haben dann auch kaum Mehrwert – weder als Linkquelle noch für die Besucher.

Vielleicht fragen Sie sich an dieser Stelle, warum wir so ausführlich auf das Thema Trust Rank eingehen, wenn es doch alles Faktoren betrifft, die Sie nicht direkt beeinflussen können. Dazu sei gesagt: Wenn Sie eine seriöse Offpage-Optimierung betreiben wollen, dann sollten Sie auch die Mechanismen dahinter kennen. Und zweitens: Sie können trotzdem auf schädliche Links Einfluss nehmen, indem Sie sie entweder auf Nofollow setzen oder eben (ja – mit entsprechend großem Aufwand) den Webmaster persönlich kontaktieren und ihn um die Entfernung der Verlinkung bitten.

3.1.5 Finger weg vom Linkkauf

Google setzt ein einfaches Belohnungs- bzw. Bestrafungsmanagement an: Wer Energie und Kapazitäten in den Aufbau guter und wertiger Inhalte investiert, wird belohnt. Alle Täuschungs- und Manipulationsversuche werden dagegen bestraft – im schlimmsten Fall mit einem Ausschluss der Seite aus dem Index. Daher sollte auch allen Webmastern klar sein, dass sie mit Methoden, die gegen die Richtlinien der Suchmaschine verstoßen, ein großes Risiko eingehen. Dazu gehört eben auch der Kauf von Links. Unser Tipp für Ihre erfolgreiche Offpage-Optimierung lautet: Lassen Sie die Finger von billigen Links in Gästebüchern, Kommentarfunktionen, Branchenkatalogen, Tauschportalen oder PR-Plattformen. All diese Seiten stehen bei Google auf einer Schwarzen Liste. Ohnehin sind diese Links auf Nofollow gestellt und werden Ihnen wenig bis gar nichts bringen.

3.2 Anleitung: So geht ein verantwortungsbewusster Backlinkaufbau

Was aus den vorausgegangenen Kapiteln klargeworden sein sollte: Der Linkaufbau ist eines der zentralen Elemente der Offpage-Optimierung. Beim Backlinkaufbau kommen verschiedene Methoden zum Einsatz, die alle ihren Teil zum Gesamtprozess beitragen.

3.2.1 Was sind Linkbuilding und Linkmarketing?

Wer bis dato aufmerksam gelesen hat, der hat bis hierhin verstanden, dass gute Verlinkungen organisch entstehen. Das heißt: Sie produzieren zum Beispiel einen hochwertigen Text oder stellen ein tolles Tool auf Ihrer Seite online, das dann wiederum von anderen Seiten per Link empfohlen wird. Welche Rolle spielt also ein externes Linkmarketing bei diesem organischen Prozess?

Auch wenn Sie schlussendlich keine Entscheidungsgewalt darüber haben, ob eine andere Seite zu Ihren Inhalten verlinkt, können Sie mit einem guten Linkmarketing immerhin die besten Voraussetzungen dafür schaffen. Das Marketing hat seine eigenen Gesetze, die keine Garantie geben, aber gute Grundlagen bilden. Dasselbe gilt eben auch für das Suchmaschinenmarketing oder das Social-Media-Marketing.

Im Rahmen des Linkmarketings werden alle (erlaubten) Maßnahmen ergriffen, die Links erzeugen können. Welche Maßnahmen dazu im Einzelnen gehören, dazu später mehr. Wichtig ist an dieser Stelle nur zu wissen, dass Sie nicht einfach warten müssen, bis ein guter Link auf Ihre Seite gesetzt wird, sondern dies auch aktiv unterstützen können. Am Ende geht es beim Linkmarketing darum, Webseitenbetreiber zum Beispiel durch gute und empfehlenswerte Inhalte davon zu überzeugen, dass eine Verlinkung einen Mehrwert schafft – und dass eben auch für die eigene Webseite.

3.2.2 Planung des Linkaufbaus

Eine Optimierung verlangt immer eine strategische Vorgehensweise. Daher sollten Sie sich im ersten Schritt einen Plan machen, wie Sie sich ein gutes Linkprofil aufbauen können. Dazu legen Sie sich am besten eine Excel-Tabelle an.

Ihre Planung für einen strategischen Linkaufbau

1. **Beim Konkurrenten luschern**
   Konkurrierende Seiten haben meistens bereits ebenso viel Zeit und Mühe in ihre Optimierungsmaßnahmen gesteckt, wie Sie es selbst tun. Es darf erlaubt sein, hier einmal genauer hinzusehen und sich ein paar Ideen zu holen. Viele Tools wie Xovi oder seobility bieten die Möglichkeit einer Mitbewerberanalyse an. Auch mit dem kostenlosen Tool von ahrefs.com können Sie sich die Backlinks der Konkurrenz anzeigen lassen.
   Haben Sie hier interessante Seiten gefunden, von denen Sie auch gerne einen Link hätten? Dann notieren Sie sie in eine Excel-Liste. Die besten Backlinks sollten Sie unbedingt nachbauen.
2. **Auflistung von Firmen- und Webverzeichnissen**
   Es gibt fast in jeder Branche gute und seriöse Branchenbücher, die realen Nutzern bei der Suche nach einem Angebot oder einem Dienstleister einen echten Mehrwert bieten. Erstellen Sie in Ihrer Excel für den strategischen Linkaufbau ein eigenes Board, indem Sie die für Sie relevanten Webverzeichnisse auflisten.
3. **Branchenrelevante Onlinemagazine**
   Zu vielen Themen existieren eigene Portale oder Magazine, die regelmäßig Beiträge auch von Gastautoren veröffentlichen. Oftmals entdecken Sie diese Portale bereits beim Backlink-Check Ihrer Konkurrenz. Versuchen Sie, möglichst viele dieser Portale aufzuspüren, von denen Sie sich hochwertige Backlinks erwarten können.

4. Blogger identifizieren

Blogger sind immer dankbar, wenn sie neue Themenideen bekommen. Halten Sie Ausschau nach Blogs, die sich thematisch in Ihrer Branche bewegen und fragen Sie nach, ob der oder die Betreiber nicht eine Rezension schreiben wollen.

3.3 Der Backlinkaufbau: So stellen Sie Beziehungen im Web her

Bevor Sie mit dem Linkaufbau starten, sollten Sie noch einmal überprüfen, ob Ihre Website die wichtigsten Onpage-Faktoren erfüllt, um überhaupt für einen Link interessant zu sein. Nutzen Sie dafür die nachfolgende Checkliste, um eine gute Basis für die nachfolgenden Maßnahmen zu haben.

3.3.1 Checkliste für die technischen Faktoren

- **Wie gut ist die Ladezeit Ihrer Seite?**
  Der sogenannte Page Speed ist schon seit längerer Zeit ein Rankingkriterium, das Google bei der Bewertung vonseiten ansetzt. Der Hintergrund: Nutzer sind im Web ungeduldig und klicken weiter, wenn ein Webseitenaufbau zu viel Zeit in Anspruch nimmt. Dieses Kriterium ist in erster Linie relevant für die Onpage-Optimierung, spielt aber auch beim Backlinkaufbau eine Rolle. Denn kein Seitenbetreiber möchte per Link eine Empfehlung für eine Webseite aussprechen, die dann die Nutzererwartung durch eine zu lange Ladezeit enttäuscht. Also: Es lohnt sich, einmal vorab die Ladezeit der eigenen Webseite unter die Lupe zu nehmen, sofern dies noch nicht im Rahmen der Onpage-Optimierung geschehen ist. Als Faustregel gilt: Die Ladezeit sollte unter 2 s liegen. Überprüfen können Sie dies zum Beispiel in der Search Console unter dem Reiter „Crawling". Darüber hinaus gibt es aber auch eine Vielzahl an kostenlosen Page Speed Tools im Netz, die ebenso verlässliche Daten liefern.
- **Ist Ihre Webseite mobil optimiert?**
  Auch das ist zwingende Voraussetzung für einen erfolgreichen Backlinkaufbau. Denn seit der Umstellung des Google Index auf „mobil" haben Websites, die nicht über mobile Endgeräte aufgerufen werden können, keine Chance mehr.
- **Funktioniert Ihre Seite oder gibt es Bugs?**

Simpel, aber wichtig: Ihre Webseite sollte technisch einwandfrei laufen, bevor Sie mit dem Linkbuilding starten. Empfehlenswert ist es, Ihren technischen Seitenaufbau über Tools wie Xovi oder Seobility immer im Blick zu haben. Sollte es hier zu Fehlern kommen, wird der Webseitenbetreiber sofort benachrichtigt und kann Abhilfe schaffen.

- **Haben Sie Umleitungen für nicht mehr existente Seiten eingerichtet?**
  Im Laufe der Zeit wächst eine Webseite und im Zuge der Aktualisierung fallen auch wieder Seiten weg. Wichtig ist, diese URLs dann auf themenrelevante Seiten umzuleiten, damit sich keine Fehlerseiten bei Ihnen anhäufen und auch auf anderen Seiten keine Broken Links entstehen.
- **Hat Ihre Seite eine intuitive Struktur?**
  Wenn neue Nutzer per Backlink auf Ihre Seiten kommen, dann sollten sie sich dort auch gut zurechtfinden. Daher ist es wichtig, die Sitemap so flach wie möglich zu halten, damit der neue Besucher auch schnell zu weiteren interessanten Inhalten findet.

3.3.2 Checkliste für inhaltliche Faktoren

Gibt es guten Traffic auf meiner Seite, der eine Verlinkung überhaupt wert ist?

Wer verlinkt werden möchte, braucht natürlich auch Inhalte, die einen Backlink wert sind. Vorher brauchen Sie sich gar nicht erst die Mühe zu machen, sich mit dem Thema Offpage-Optimierung zu beschäftigen.

3.3.3 Definieren Sie Ihre Linkbuilding-Strategie

Bevor Sie mit dem eigentlichen Linkbuilding beginnen, sollten Sie sich überlegen, welches Ziel Sie verfolgen. Möchten Sie eine neue Seite möglichst schnell nach vorne bringen oder setzen Sie eher auf eine langfristige Strategie?

- **Offensives Linkbuilding**
  Bei einem offensiven Linkbuilding geht es mehr um die Quantität der gewonnenen Links als um die Qualität. Sie wollen also zunächst möglichst viele Backlinks generieren, ohne allzu strengen Blick auf die Qualität zu richten. Diese Taktik ist verständlich, denn wer wünscht sich nicht schnelle Erfolge. Allerdings birgt eine offensive Linkbuilding-Strategie auch ihre Tücken, denn

der Google-Algorithmus ist mittlerweile sehr gut darin geworden, unnatürliche Verlinkungen – die leider oft das Ergebnis der offensiven Strategie sind – zu erkennen.

• **Defensives Linkbuilding**
   Sie vermuten es schon richtig: Das defensive Vorgehen beim Linkaufbau ist die richtige Wahl, wenn es Ihnen um eine langfristige Optimierung geht. Sie setzen dabei auf hochwertige Links, die Sie zum Beispiel als Dankeschön für einen guten Gastartikel bekommen, auf sinnvolle Ankertexte und auf Backlinkpartner, die thematisch genau zu Ihren Inhalten passen. Dabei verzichten Sie auf den Einkauf von Links bei Brokern und setzen auf ein natürliches Traffic-Wachstum.

3.3.4   Content Marketing für einen natürlichen Linkaufbau

Der wohl sicherste und beste Weg beim Linkbuilding ist es, Inhalte zu produzieren, die aufgrund ihrer hohen Qualität automatisch oder zumindest gerne von anderen Seiten verlinkt und empfohlen werden. Man spricht hier von sogenannten Linkable Assets – Inhalte, die auf eine maximale Verlinkbarkeit ausgerichtet sind. Die besten Chancen haben also Inhalte, die sehr gehaltvoll, gut recherchiert, lehrreich oder einfach unterhaltsam sind. Es bieten sich dafür die folgenden Formate an:

• Hochwertige, holistische Glossare
• Infografiken
• Studien
• Tools
• Tutorials
• Ratgeber

Wichtig bei der Erzeugung der Linkable Assets: Es muss sich um vertrauenswürdige Inhalte handeln, die von Dritten als hilfreich empfunden werden.

3.3.5   Gastbeiträge schreiben

Wenn Sie in den Vorbereitungen zum Linkmarketing gründlich waren, dann haben Sie jetzt eine Liste mit Webseiten, die Gastbeiträge aus Ihrem themenrelevanten

Umfeld veröffentlichen. Das Gast-Blogging gewinnt zunehmend an Popularität und gehört als wichtiger Bestandteil in jede Linkbuilding-Strategie. Wichtig ist auch hier ein strategisches Vorgehen. Sehen Sie sich die Seite vorab genau an, von der Sie sich einen Link erhoffen. Überprüfen Sie dabei die folgenden Fragestellungen:

1. Hat die Seite selbst ein gutes Ranking in den Suchmaschinen?
2. Passt sie thematisch zu den Inhalten, die ich veröffentlichen möchte?
3. Wie hochwertig sind die anderen Gastbeiträge auf der Seite?

3.3.6 Wikipedia-Eintrag erstellen

Der Wikipedia-Eintrag ist so etwas wie die Königsklasse des Linkbuildings. Wer es schafft, in diesem Verzeichnis einen Eintrag zu bekommen, der darf sich zurecht auf die Schulter klopfen. Die Voraussetzungen, einen Wikipedia-Eintrag für die eigene Person oder das eigene Unternehmen zu bekommen, sind entsprechend sehr hoch angesetzt. Eine Möglichkeit besteht zum Beispiel darin, Publikationen zu erzeugen und dadurch Autorenstatus zu erlangen. Ist dies geschafft, dann erhalten Sie auch im Bereich „Weiterführende Links" ganz unten auf der Seite einen Goldenen Backlink.

Links von Wikipedia sind alle mit einem Nofollow-Attribut gekennzeichnet. Trotzdem ist dieses digitale Lexikon eine sehr wichtige Trafficquelle und unterstreicht Ihren Expertenstatus. Bei entsprechenden Suchanfragen erscheint Wikipedia oftmals ganz oben als erster Sucheintrag. Dadurch erhöht sich wiederum auch der Trust Rank Ihrer Seite – mehr Trust, mehr Besucher = bessere Rankings.

3.3.7 Erstellen und verbreiten von Infografiken

Das Internet setzt stark auf die Visualisierung komplexer Zusammenhänge. Dafür sind Infografiken genau das richtige Medium. In das Erstellen von Infografiken müssen Sie zwar etwas Zeit und Mühe investieren, aber es lohnt sich. Einerseits erhöhen Sie mit einer guten Grafik allgemein die Qualität Ihres Contents, auf der anderen Seite steigern Sie auch die Chance, dass diese Infografik externe Links generiert. Am besten eignen sich Infografiken zu Evergreen-Themen, Statistiken oder How-to-Anleitungen. Sind diese Grafiken einmal erstellt, dann können Sie sie zum Beispiel auch über Ihre sozialen Netzwerke bewerben.

3.3.8 Verlinkungen aus Presseverteilern

Der Online-PR-Markt wird dominiert von kostenlosen Presseverteilern, die noch immer massenhaft zur Verbreitung von Werbetexten genutzt werden. Webmaster können sich hier in der Regel einmalig kostenlos registrieren und dann dort ohne Begrenzungen als Pressetexte getarnte Werbung inklusive der Verlinkung zur eigenen Seite produzieren. Sie können es sich vermutlich denken: Diese Art des Linkaufbaus ist für Sie bestenfalls verschwendete Zeit. Die Texte werden weder von Journalisten noch von realen Besuchern gelesen. Zudem handelt es sich in der Regel um Nofollow-Links, die Ihnen demnach auch keinen Linkjuice spenden. Und selbst wenn doch mal ein Portal einen Follow-Link setzt – da von diesen Seiten massenhaft Verlinkungen gesetzt werden, ist die Bedeutung Ihres Links gleich 0.

Eine Ausnahme bilden ausgewählte Presseverteiler wie ots von der dpa-Tochter news-aktuell. Sie zahlen dort eine einmalige Gebühr von ca. 400 € und können für dieses Geld werthaltige Meldungen produzieren.

3.3.9 Testimonial-Berichte

Wenn Sie besondere Partnerschaften eingegangen sind oder spezielle Tools nutzen, dann versuchen Sie doch einmal, auf den Seiten eine Kundenstimme zu platzieren. Oftmals sind diese Seiten sehr dankbar dafür, dass sie eine authentische Empfehlung von einem ihrer Kunden bekommen können. Der Dank ist ein Link auf die eigene Seite.

3.3.10 Broken Link Building

Das Broken Link Building ist ebenfalls eine Strategie, die zwar einige Mühe macht, dafür aber auch sehr erfolgreich sein kann. Der erste – und auch schwierigste Schritt – dieser Linkbuilding-Strategie besteht darin, Broken Links im Internet aufzuspüren. Dabei handelt es sich um Verlinkungen, die ins Leere führen. Sie können als Hilfestellung das Ahrefs-Tool nutzen, um themenrelevante (!) Verlinkungen zu Seiten aufzuspüren, die nicht mehr existieren. Ein solcher Broken Link entsteht entweder dadurch, dass er von vornherein falsch gesetzt wurde oder aber – was wahrscheinlicher ist – der Webmaster hat die Seite mittlerweile entfernt. Für den Webmaster der Domain, auf der sich ein solcher Broken Link befindet, ist diese Verlinkung schädlich. Denn er führt seine Besucher schließlich auf eine Seite ohne Inhalt und damit in eine Sackgasse. Aus diesem Grund sollte er auch ein entsprechendes Interesse daran haben, den Link zu reparieren. Jetzt kommen Sie ins Spiel. Sie haben selbst eine Seite zum Thema „Gesunde Ernährung". Der Broken Link mit der Bezeichnung „Die wichtigsten Vitamine für den Körper" verweist auf eine URL, die nicht mehr existiert. Sie könnten jetzt auf Ihrer Seite zu genau dem Thema einen Beitrag schreiben, der exakt zum Broken Link passt (oder haben im Idealfall bereits einen gehaltvollen Text zum Thema veröffentlicht). Jetzt informieren Sie den Seitenbetreiber darüber, dass sich 1. ein fehlerhafter Link auf der Seite befindet und empfehlen 2. Ihren Beitrag zum Thema. Seitenbetreiber, die sich um Ihre Webseite kümmern, werden die Empfehlung gerne annehmen und Ihren Content verlinken.

3.4 Optimierung des Linkprofils

Beim Linkmarketing ist es nicht nur wichtig, neue Links zu sammeln, sondern auch die bestehenden zu optimieren. Dafür haben Sie bereits entsprechende Vorarbeit geleistet, sich eine Liste mit allen externen Links aus der Search Console herausgezogen und markiert, welche Links von einer schlechten Nachbarschaft kommen oder einfach keinen Mehrwert haben. Um genau diese Links geht es jetzt.

3.4.1 Schädliche Verlinkungen entwerten

Um schädliche Links zu entwerten, müssen Sie eine sogenannte Disavow-Datei erstellen und diese an die Search Console übermitteln. Diese Datei kann man mit etwas technischem Verständnis selbst erstellen oder sie über ein Tool erstellen lassen. Hier bietet sich zum Beispiel Xovi an. Alles was Sie tun müssen: Einen Zugriff auf die Daten der eigenen Search Console erlauben.

Mit diesem Tool führen Sie zunächst eine Disavow-Analyse durch. Das Tool analysiert automatisch Ihre Backlinkstruktur und ermittelt das Risiko einer Abstrafung.

Auch für Laien wird alles verständlich und übersichtlich dargestellt. Sie bekommen eine Auflistung mit Links inklusive der qualitativen Bewertung. Per Klick können Sie alle schlechten Links in eine Disavow-Datei umwandeln und diese dann in der Search Console mit Bitte um Entwertung hochladen. Sie können in diese Datei auch per Hand Links einfügen, die Sie für schädlich erachten.

Für die Bewertung der Links haben die Tools einen strengen Algorithmus entwickelt. Dieser erkennt zum Beispiel Seiten, auf denen sich Malware befindet, Seiten, die nicht indexiert sind, die keinen Text haben oder die zum Beispiel auf den Mail-Blacklists stehen.

3.4.2   Optimierung von Ankertexten

Die Ankertexte, also der Text, der auf der Verlinkung steht, muss zur verweisenden Seite passen. Idealerweise enthält er das Hauptkeyword der Seite.

Es gibt unterschiedliche Arten von Ankertexten, zwischen denen unterschieden werden muss:

1. **Verlinkung des reinen Keywords**
   Einige Backlinks verlinken ausschließlich das Keyword.
   Beispiel: *In diesem Shop gibt es Hundefutter zu kaufen.*
   Zwar kann die Suchmaschine den Zusammenhang mit dem Keyword schon ganz gut einordnen, aber es wird noch kein semantischer Zusammenhang hergestellt. Außerdem haftet einer solchen Verlinkung immer auch ein Hauch von Spam oder künstlichem Linkbuilding an, wie es früher massenhaft betrieben wurde.
2. **Verlinkung der Keywordphrase**
   Besser als die Verlinkung eines nackten Keywords ist die Verlinkung einer Keywordphrase.
   Beispiel: *In diesem Shop gibt es natürliches Hundefutter mit hohem Fleischanteil zu kaufen.*
   Viel besser ist diese Art der Ankertexte für Ihr Linkbuilding, denn es wird ein semantischer Zusammenhang hergestellt und Google erkennt, dass es eine natürliche Beziehung zwischen Verlinkung und Zielseite gibt.
3. **Branding Ankertext**
   Statt auf ein Keyword kann man auch auf einen Markennamen verweisen.
   Beispiel: *seosupport ist für mich die beste Online Marketing Agentur.*
   Diese Ankertexte leisten dann einen wichtigen Beitrag zur Markenbildung und zum Aufbau einer Domain Authority.
4. **Verlinkung einer nackten URL**
   Manchmal begegnet Nutzern im Internet auch die Verlinkung der reinen URL.
   Beispiel: *Bei Microsoft (*https://www.microsoft.com/de-de*) können Sie Computer kaufen.*

Von diesem Ankertext ist allerdings abzuraten, denn einerseits zerstört er den Content durch die kryptischen Zeichen und andererseits fehlen die semantischen Zusammenhänge.

5. **Unspezifischer Ankertext**

Immer noch sehr häufig wird im Text unspezifisch und nichtssagend verlinkt. Das sieht dann so aus: *Für weitere Informationen hier klicken.*

„Hier klicken" sagt rein gar nichts darüber aus, auf welche Seite Sie genau verlinken und welche Informationen sich dahinter für den Nutzer verbergen. Der Anreiz, tatsächlich dort zu klicken, ist also maximal niedrig.

6. **Bild verlinken**

An Stellen, an denen es Sinn macht, können Sie auch Bilder verlinken. Im Alt-Tag haben Sie die Möglichkeit, die Keywords zu platzieren, die für die Zielseite wichtig sind.

Exkurs: Ankertexte als Hauptangriffsziel des Pinguin-Updates

Im März 2012 ließ Google erstmalig seine Pinguine auf die Webseitenbetreiber los. Eines der Hauptziele galt den unnatürlichen, gekauften Verlinkungen, die den Sinn der Suchmaschinen untergruben, ein sinnvolles Netzwerk mit natürlichen Beziehungen zwischen den Seiten aufzubauen. Neben dem Keyword-Stuffing wurden gezielt Linknetzwerke und unnatürliche Linkprofile bekämpft. Google prüfte bei den Updates die Relevanz der Ankertexte zu den verlinkten Seiten. War keine Relevanz zu erkennen, weil eine Seite zum Thema Pflanzenkunde auf einmal zu Druckerzubehör verlinkte, dann wurde der Link als Spam eingestuft. Besonders hart trafen diese Maßnahmen die Seiten, die sich ihr gutes Google-Ranking bis dato ausschließlich durch Linkkauf aufgebaut hatten.

Zu diesem Thema existiert eine interessante Studie von Ahrefs, die noch einmal deutlich macht, wie wichtig diese Ankertextbezeichnung ist. Im Ergebnis kam heraus, dass die Ankertexte ein Rankingfaktor bei Google sind, der zwar aktuell noch recht wenig Gewicht hat, aber man kann davon ausgehen, dass die Relevanz der Ankertexte weiter steigen wird.

Wie kann ich die Ankertexte, die auf meine Seite verweisen, beeinflussen?

Ihnen wird an dieser Stelle sicher eine entscheidende Frage in den Sinn gekommen sein: Wenn sich die Ankertexte auf fremden Webseiten befinden, die auf meine Domain verweisen: Wie kann ich sie dann beeinflussen? Tatsächlich ist dies der neuralgische Punkt bei der Ankertext-Optimierung. Sie haben nur im begrenzten Maße Einfluss darauf, mit welchem Text ein Seitenbetreiber auf Ihre Seite verlinkt. Trotzdem gibt es genau zwei Möglichkeiten, die Ankertexte mitzugestalten.

1. **Kontakt mit dem Seitenbetreiber aufnehmen**
   Für hochwertige Verlinkungen lohnt sich diese Arbeit allemal. Wenn Sie zum Beispiel auf einer verlinkenden Seite bemerken, dass Ihre Website nur mit „Hier klicken" verlinkt ist, dann können Sie ein knackiges und charmantes Anschreiben mit einem Verbesserungswunsch formulieren. Sie sollten das gute Argument darin unterbringen, dass ein relevanter Ankertext auch die Seite des Betreibers verbessert. Liefern Sie einen konkreten Vorschlag für den Ankertext direkt mit – das minimiert die Arbeit des Domaininhabers und erhöht die Chancen, dass er sich schnell darum kümmert.

2. **Verlinkungen in Gastbeiträgen selbst gestalten**
   Die beste Möglichkeit, direkten Einfluss auf den Ankertext zu nehmen, sind Gastbeiträge. Diese werden von Ihnen geschrieben und somit haben auch Sie es in der Hand, in welcher Form der Backlink gesetzt wird. Aber Achtung: Es gibt meistens klare Regeln von den Seitenbetreibern, die Gastbeiträge veröffentlichen. Meistens ist nur ein einziger Link zulässig und manchmal ist auch die gewünschte Position dieser Verlinkung angegeben. Halten Sie sich unbedingt an diese Vorgaben, sonst ist Ihr Text im Zweifel umsonst geschrieben.

3.4.3 Das ist wichtig beim Linkbuilding: Akquisitionsmix von Besuchern

Wenn Sie bislang aufmerksam gelesen haben, dann werden Sie das Prinzip des Linkaufbaus durchschaut haben. Es geht darum, natürliche, sinnvolle Links mit Mehrwert zu erzeugen. Daher ist es nur konsequent, auch auf einen guten Mix der Besucherquellen zu achten.

Es versteht sich fast von selbst, dass der Traffic nicht nur von einer einzigen Seite kommen sollte. In Google Analytics gibt es dazu einen eigenen Reiter „Akquisition", unter dem Sie prüfen können, woher Ihre Besucher kommen. Idealerweise erkennen Sie hier eine gute Mischung zwischen organischem Traffic über die Google-Suche, Direkteingaben, Social-Media-Besuchern und Besuchern, die über externe Verlinkungen auf Ihre Seiten kommen. Sie können aus diesen Besucherströmen zudem Ihr eigenes Feedback ziehen.

3.4.4 Die verbotene Zone: Das ist beim Linkbuilding nicht erlaubt

Google legt in den Richtlinien sehr genau fest, was erwünscht und welche Strategien zu den unerwünschten Maßnahmen der Suchmaschinenoptimierung gehören. Verboten sind unter anderem:

- Der Kauf von Links
- Linkmiete
- Linkfarmen
- Künstliche Artikel- und Presseverzeichnisse
- Automatisierte Guest-Postings

Ist Linktausch erlaubt?

Bei einem Linktausch vernetzten sich zwei Webseiten nach Absprache untereinander. Ob dies gegen die Richtlinien verstößt, ist eine Grauzone und muss im Einzelfall betrachtet werden. Wenn sich zwei Geschäftspartner untereinander verlinken, ist dies in Ordnung und sollte nicht von Google geahndet werden. Sollten Sie den Linktausch aber im größeren Stil als Taktik anwenden, dann ist dieses Vorgehen von den Suchmaschinen leicht durchschaubar. Auch wenn Sie augenscheinlich noch so clever beim Linktausch sind: Verlinkungsmuster sind leicht zu knacken und werden über kurz oder lang erheblichen Schaden anrichten.

Solange Verlinkungen thematisch passen und den Besuchern auf beiden Seiten einen Mehrwert bieten, dürfen sie also durchaus gesetzt werden. Seien Sie hier aber bitte möglichst streng in der Abwägung, ob der Link wirklich organisch in das Informationsangebot eingebaut werden kann. Sollten Sie mit einer Seite passende Links tauschen, dann müssen diese unbedingt auf Nofollow gesetzt werden. Andernfalls verstoßen sie gegen die Webmaster-Richtlinien. Zwar vererbt der Nofollow-Link dann keine Linkpower, aber er bringt Ihnen trotzdem etwas, indem er Besucher auf die Seite führt.

Macht es Sinn, Backlinks zu mieten?

Die Backlinkmiete funktioniert genauso wie der Kauf von Backlinks mit dem Unterschied, dass der Link nach Ablauf eines vordefinierten Zeitraums entfernt wird. Das Mieten von Backlinks gehört daher ebenso wie der Kauf zu den Verstößen gegen die Google Webmaster-Richtlinien und sollte damit auch nicht auf der Agenda einer seriösen Suchmaschinenoptimierung stehen.

Einige spezialisierte Agenturen bieten ganze Flatrates dafür an, Links zeitweise auf gut rankenden Domains zu parken, aber dieses Vorgehen ist mit einem hohen

Risiko verbunden. Google erkennt solche unnatürlichen Strukturen sehr genau. Durch die plötzliche Zuwachsrate an neuen Verlinkungen sind die Crawler vorgewarnt, dass hier möglicherweise etwas nicht stimmt. Zudem müssen Sie damit rechnen, dass Ihre Seite nach dem Entfernen des Links auch wieder an Power verliert und in die ursprüngliche Position zurückrutscht. Ein drittes Argument, das gegen die Backlinkmiete spricht, sind die hohen Kosten, die dadurch entstehen. Diese können Sie sinnvoller in einen natürlichen Linkaufbau durch organischen Traffic investieren.

Verstecken Sie keine Links auf der Seite
Auch wenn dies eine Selbstverständlichkeit bei der sauberen Suchmaschinenoptimierung sein sollte, sei es an dieser Stelle der Ordnung halber noch einmal erwähnt. In den Anfängen der Optimierung von Webseiten war es noch üblich, Spamtexte in weißer Schrift auf weißem Untergrund zu platzieren, damit sie zwar nicht von den Besuchern, dafür aber von den Suchmaschinen gefunden werden konnten. Solchen Black-Hat SEO-Maßnahmen haben Google & Co schon vor Jahren einen Riegel vorgeschoben. Trotzdem sieht man es immer noch, dass Verlinkungen, die von Besuchern nicht entdeckt werden sollen, einfach unkenntlich im Text versteckt werden, statt sie farbig oder durch eine Unterstreichung optisch hervorzuheben. Ein solches Vorgehen macht aus mehrfacher Hinsicht keinen Sinn. Erstens erkennt Google solche versteckten Links sofort. Zum anderen werden Sie durch diese Links auch keine Besucherströme erzeugen.

3.5   Zusammenfassung und abschließende Tipps zum Aufbau eines organischen Linkprofils

Damit Sie noch einmal eine Übersicht über die wichtigsten Themen und Vorgehensweisen beim Aufbau eines Linkprofils haben, folgt an dieser Stelle eine kompakte Zusammenfassung, was allgemein beim Linkaufbau beachtet werden muss.

Keine Links von themenfremden Seiten
Achten Sie immer darauf, dass die Verlinkungen vonseiten kommen, die thematisch zu Ihren Inhalten passen. Alle anderen Verlinkungen sind nahezu wertlos, da sie sowohl von Google kritisch beäugt werden als auch keine Beachtung von den Besuchern bekommen.

Vermeiden Sie ein einseitiges Linkprofil
Allgemein sind die Suchmaschinen kein Freund von einheitlichen Strukturen. Vermeiden Sie es also, dass Ihre Links zum Beispiel alle auf „Dofollow" gesetzt sind, nur aus einer Quelle stammen oder ausschließlich ein Keyword als Ankertext haben.

Keine Links kaufen oder mieten
Ein Linkkauf oder eine Linkmiete verstößt gegen die Google-Richtlinien und gehört damit nicht in das Inventar einer seriösen und nachhaltigen Offpage-Optimierung.

Verzichten Sie auf das Linkbuilding über Verzeichnisse, Presseportale & Co
Massenhafte Verlinkungen, die von Verzeichnissen, kostenlosen Presseportalen oder Social-Bookmarking-Diensten gesetzt wurden, haben keinen Wert für die Suchmaschinenoptimierung. Sie leisten keinen Beitrag zum Aufbau eines natürlichen Linkprofils.

Setzen Sie auf natürlichen Content mit Mehrwert
Die besten Links gewinnen Sie damit, dass Sie verlinkenswerte Inhalte auf Ihren Seiten erzeugen. Oftmals werden dadurch bereits auf natürliche Weise Backlinks gesetzt, ohne dass Sie sich dafür anstrengen müssen.

Setzen Sie auf Kontinuität statt auf Schnelligkeit
Es ist immer eine Auffälligkeit für Google, wenn eine Seite mit 3 Backlinks auf einmal 1000 neue Backlinks innerhalb eines Tages für sich gewinnt. Das kann in Einzelfällen erklärbar sein, wenn ein besonderes Tool online gestellt wurde o. ä., ist aber meistens die Folge eines Linkkaufs. Daher gilt in Sachen Linkbuilding die alte Formel: Eile mit Weile.

Bauen Sie nicht einfach das Linkprofil Ihres Mitbewerbers nach
Ihr direkter Wettbewerber hat sich den ersten Platz für das stark umkämpfte Keyword geschnappt? Dann sind dafür vermutlich noch wesentlich mehr Gründe verantwortlich als allein die Backlinks. Es schadet nichts, mal einen Blick auf die Backlinks der Konkurrenz zu werfen und sich dort Inspirationen für gute Linkquellen zu holen. Das Profil einfach nur nachzubauen, wird Sie aber nicht nach vorne bringen.

3.6   Interne Links

Bislang haben wir beim Backlinkaufbau immer nur von den externen Links gesprochen, die von anderen Webseiten auf die eigene Domain verweisen. Dabei sind aber auch die internen Verlinkungen ein wichtiger Bestandteil des Linkmarketings.

Interne Verlinkungen gehören strenggenommen zur Onpage-Optimierung. Da diese aber niemals losgelöst von der Offpage-Optimierung betrachtet werden sollte und Verlinkungen eben eines der Hauptbestandteile der Offsite-Optimierung sind, verdienen sie an dieser Stelle trotzdem eine nähere Betrachtung.

Interne Verlinkungen werden dazu verwendet, um den Linkjuice innerhalb einer Webseite gezielt zu lenken. Der Vorteil: Sie können die internen Links direkt beeinflussen und müssen nicht aufwendig mit den Webseitenbetreibern in Kontakt treten. Zudem sind interne kostenlos und erfordern lediglich etwas Arbeit.

Beim Setzen bzw. bei der Optimierung der internen Linkstrukturen müssen 3 Dinge beachtet werden:

1. Ankertext
2. Link-Titel
3. Link zur Unterseite

Im Quelltext sieht das dann in etwas so aus:

Diese drei Elemente sollten wie auch bei den externen Backlinks möglichst gut aufeinander abgestimmt sein. Das heißt: Verlinken Sie nur themenrelevante Seiten untereinander, um dem Leser einen Mehrwert zu schaffen. Vergeben Sie relevante Ankertexte, damit die Nutzer am Ende auch genau wissen, was sie auf der Zielseite erwartet.

Wie die Linkjuice-Weitergabe innerhalb Ihrer Webseite funktioniert
Das Verfahren innerhalb einer Webseite ist im Grunde dasselbe wie bei externen Webseiten. Links, die von vertrauenswürdigen Seiten kommen, vererben ihre Vertrauenswürdigkeit auf die verlinkten Seiten weiter. In der Regel besitzt die Startseite einer Website die stärkste Linkkraft.

Die Rechnung ist wie folgt: Geht man von 100 % Linkjuice auf der Startseite aus, die auf 10 Unterseiten verlinkt, bekommt jede dieser Unterseiten 10 % von dieser Kraft ab. Wenn 20 Links gesetzt werden, dann sind es entsprechend nur 5 %. Daher sollten Sie genau überlegen, wie Sie die Linkkraft einer guten Seite aufteilen, damit die richtigen Unterseiten auch möglichst viel Linkjuice abbekommen.

Auch die Stelle, an der die Links positioniert werden, spielt bei der Vergabe der Verlinkung eine Rolle. Links im Footer sind nicht so viel wert wie eine Verlinkung im Fließtext weiter oben.

Das Siloing-Verfahren bei der internen Link-Optimierung
Viele Suchmaschinenoptimierer schwören darauf, den Link-Juice nur innerhalb einer Kategorie zu vergeben. Über mehrere Unterseiten, die alle einer Kategorie angehören, werden nun sogenannte Silos gebildet – Themenschwerpunkte, die sich gegenseitig stärken können. Diese Betrachtung müssen Sie bereits bei der Planung Ihrer Webseite und beim Aufbau der Themen im Blick haben, um eine für das Siloing optimierte Verzeichnisstruktur zu entwickeln.

Das kann in der Praxis dann so aussehen:

Es wird intern nur innerhalb der Kategorien, aber niemals zwischen den Themenbereichen verlinkt. Denn man geht davon aus, dass ein Nutzer, der sich gerade intensiv mit Thema 1 beschäftigt, auch aktuell nur dazu Informationen sucht. Lenkt man ihn durch einen Link zu Thema 2 davon ab, dann verliert er schlimmstenfalls das Interesse. Sie haben einen Leser verloren und die Absprungrate steigt.

To-do-Liste für die Optimierung Ihrer Verlinkung

- Erstellen Sie relevante, keywordoptimierte Ankertexte
- Machen Sie Links auch grafisch erkennbar für die Nutzer
- Vergeben Sie im Quellcode einen passenden Linktitel
- Platzieren Sie wichtige Verlinkungen möglichst weit oben im Text
- Setzen Sie nur wirklich passende und interessante Links
- Gehen Sie maßvoll mit Verlinkungen im Text um

Hinweis

Wenn Sie von Ihrer Webseite auf externe Inhalte einer anderen Domain verweisen, sollten Sie immer das Kästchen „In einem neuen Tab öffnen" anklicken. Andernfalls leiten Sie den Nutzer komplett von Ihrer eigenen Webseite weg und verlieren ihn damit. Denn oftmals hat er sich den Domainnamen nicht gemerkt und kann dann allenfalls noch durch die Zurück-Funktion wieder zu Ihren Seiten gelangen.◄

Reputationsmanagement 4

Eine gute Reputation ist das Fundament für einen erfolgreichen Auftritt im Internet. Ein schlechtes Image führt dazu, dass die Zielgruppe kein Vertrauen in Ihre Inhalte hat, was sich auch sehr schnell im Ranking bemerkbar macht.

Damit wir von vornherein von einer einheitlichen Begriffsdefinition ausgehen: Reputationsmanagement bedeutet nicht, sich gegen authentische Bewertungen mit Hammer und Kriegspfeil zur Wehr zu setzen, sondern von vornherein die besten Voraussetzungen zu schaffen, dass es gar nicht erst zu solchen Bewertungen kommt. In diesem Kapitel geht es also darum, wie wichtig das Reputationsmanagement für die Offpage-Optimierung ist und wie Sie vorgehen, um sich eine gute Reputation im Netz aufzubauen.

4.1 Google und Bewertungen im Internet

Ein lange heiß diskutiertes Thema war die Frage, ob Bewertungen im Internet das Ranking beeinflussen können. Die Antwort lautet: Ja. Besucher von Geschäften, Nutzer von Dienstleistungen oder Käufer in Online-Shops nutzen mit steigender Tendenz die Möglichkeit, ihre Erfahrungen mit anderen zu teilen. Diese Medaille hat zwei Seiten. Einerseits profitieren andere, potenzielle Kunden von den Erfahrungen und können sich vorab ein besseres Bild machen. Andererseits sind solche Bewertungen auch leicht manipulierbar und so kann schnell mal das gegenüberliegende Restaurant dem Konkurrenten sprichwörtlich Maden ins Essen zaubern. So oder so: Bewertungen beeinflussen das Ranking sowohl in die eine als auch in die andere Richtung.

© Der/die Autor(en), exklusiv lizenziert an Springer Fachmedien Wiesbaden GmbH, ein Teil von Springer Nature 2022
V. Sünderhauf, *Grundlagen der Offpage-Optimierung*, essentials,
https://doi.org/10.1007/978-3-658-38849-2_4

Die Studie von Searchengineland

In einer Studie von Searchengineland[1] stellte sich heraus, dass 88 % aller Konsumenten vor dem Besuch eines lokalen Unternehmens auf dessen Bewertungen schauen. Nur 12 % aller potenziellen Konsumenten lesen keinerlei Bewertungen über Produkte oder Dienstleistungen.

Es liegt also nahe, dass durch diese hohe Relevanz einer Bewertung auch das Google-Ranking beeinflusst wird. Das nachvollziehbare Ziel lautet immerhin, gute und relevante Firmen oben zu positionieren. Die Vergabe der Sterne nimmt daher auch einen erheblichen Einfluss auf das Ranking und bekommt im Rahmen der Onpage-Optimierung einen besonderen Stellenwert. Noch immer verfolgen vor allem kleine und mittelständische Unternehmen die Strategie, sich um Bewertungen nicht zu kümmern und nach dem Prinzip „Wenn ich dich nicht sehe, siehst du mich auch nicht" vorzugehen. Das Reputationsmanagement einfach außen vor zu lassen, wird Sie aber über kurz oder lang nicht nur wichtige Ranking-Positionen kosten, sondern im Ernstfall auch einen Imageschaden verursachen. Das Ziel des Reputationsmanagements ist es, dass User, die Ihren Firmennamen bei Google eingeben, ein positives Bild von Ihnen bekommen.

4.1.1 Die Grundlage für gute Bewertungen: Gute Leistungen bringen

Wer gute Bewertungen und viele Sterne im Internet gewinnen möchte, der muss eben auch gute Leistungen erbringen. Da führt kein Weg dran vorbei. Wichtig ist daneben aber auch der Service, den Sie anbieten. Wenn die Antwortzeiten zu lange dauern oder erst gar keine Reaktion auf eine Serviceanfrage erfolgt, kann dies auch zu negativen Bewertungen führen. Der beste Weg ist also, am eigenen Qualitätsmanagement zu schrauben und die Bewertungen der Nutzer ernst zu nehmen.

4.1.2 So können Sie auf schlechte Bewertungen reagieren

Es lässt sich trotz bester Leistungen nicht vermeiden, dass Sie negative Bewertungen bekommen. Zum einen kann man es niemals allen recht machen, zum

---

[1] https://searchengineland.com/88-consumers-trust-online-reviews-much-personal-recomm endations-195803.

anderen können auch wirklich mal Fehler passieren. Zum dritten kann es aber auch zu Verleumdungen kommen, gegen die Sie rechtlich vorgehen müssen.

Verleumdungen und Falschbewertungen löschen lassen
Gegen falsche oder unrechtmäßige Bewertungen können Sie aus folgenden Gründen vorgehen:

* Die Bewertung enthält Hassreden oder sogar rechtsverletzende Äußerungen
* Die Bewertung enthält unwahre Tatsachenbehauptungen
* Die Bewertung enthält Verleumdungen oder Beleidigungen

Je nachdem, wo diese Bewertung eingetragen wurde, haben Sie die Möglichkeit, den Seitenbetreiber zu kontaktieren und um Löschung zu bitten. Liegt tatsächlich einer der genannten Punkte vor, dann funktioniert dies in den meisten Fällen auch sehr gut. Sollten Sie keinen Erfolg haben, dann bleibt Ihnen nur der Gang zum Anwalt.

Auf gerechtfertigte Kritik reagieren
Wenn die Bewertung tatsächlich gerechtfertigt ist, dann müssen Sie Farbe bekennen. Nutzen Sie die Kommentarfunktion, entschuldigen Sie sich, bieten Sie Wiedergutmachung an und vor allem: Geben Sie einen Ausblick, wie Sie derartige Fehler in Zukunft vermeiden wollen. Dadurch kann selbst eine negative Bewertung zum Marketinginstrument werden.

Nutzer lassen sich sehr stark von Kundenmeinungen leiten. Wenn sie die Wahl zwischen zwei Firmen haben, bei denen die eine eine Sternebewertung von 5/5 und die andere 4,8/5 hat, dann hat die besser bewertete Firma auch die besseren Karten. Firmen mit höheren Bewertungen generieren wieder mehr Klicks, was sich wiederum dann auch positiv auf die Rankingverteilung auswirkt.

Daher sollten Sie das Reputationsmanagement sehr ernst nehmen und viel daranlegen, sich ein gutes Image aufzubauen.

Kommentieren Sie auch positive Bewertungen
Was oftmals im Rahmen des Reputationsmanagements vergessen wird: Auch positive Meinungen verdienen einen kleinen Dank. Wer sich beim Haarstylisten online für die freundliche Bedienung und den großartigen Schnitt bedankt, der freut sich auch, wenn dieser Beitrag gelesen und vom Betreiber honoriert wird. Zwei kleine Sätze des Dankes kosten nicht viel Zeit, zeigen aber, wie wichtig Ihnen die Meinung Ihrer Kunden ist. Außerdem werden dadurch auch noch andere Kunden motiviert, ebenfalls ihr positives Feedback mitzuteilen.

Lassen Sie niemals Bewertungen schreiben
Natürlich kommt das eine oder andere Unternehmen gerne mal auf die Idee, sich positive Bewertungen vielleicht von Freunden schreiben zu lassen oder sie von spezialisierten Agenturen zu kaufen. Das ist in vielerlei Hinsicht keine gute Idee, denn Google kann künstliche Formulierungen mittlerweile schon sehr gut identifizieren. Sinnvoller und authentischer ist es, Kunden vielleicht per Mail oder auch persönlich dazu zu motivieren, doch ihre Meinung auf dem Portal XY mitzuteilen.

4.2   Reputation aufbauen durch exzellente Inhalte

Eine gute Reputation bauen Sie sich im Internet dadurch auf, dass Sie gute und exklusive Inhalte veröffentlichen und damit auch Ihren Expertenstatus stärken. Publizieren Sie diese Inhalte nicht ausschließlich auf Ihrer Webseite, sondern zum Beispiel auch als Gastartikel in Fachmagazinen (online und offline) sowie in den sozialen Business-Netzwerken wie Xing oder LinkedIn. Je mehr Menschen auf Ihre Beiträge aufmerksam werden, desto besser. Es setzt schnell ein Wiedererkennungswert ein, der sich bei der Zielgruppe manifestiert und Ihre Reputation damit nachhaltig positiv beeinflusst.

4.3   Aufmerksamkeit schaffen durch Suchmaschinenanzeigen

Das Schalten von Suchmaschinenanzeigen führt natürlich zu Klicks auf Ihren Seiten. Allerdings bemisst Google diesen – in diesem Sinne ja gekauften Links – keine Bedeutung zu. Daher sind SEA-Anzeigen kein relevanter Part im Aufbau einer Linkstruktur, sondern eher Teil eines ganzheitlichen Reputationsmanagements. Wenn Sie kontinuierlich Ads-Anzeigen schalten, tauchen Sie bei der relevanten Zielgruppe immer wieder im Blickfeld auf.

4.4   Monitoring Ihrer Außendarstellung

Damit Sie zeitnah auf Kommentare oder Beiträge reagieren können, müssen Sie Ihre Reputation immer im Blick haben. Dazu sollten Sie sich einen Workflow überlegen. Zum Beispiel können Sie sich einen Alert bei Google zu Ihrem Firmennamen einrichten oder Sie geben einmal in der Woche Ihren Firmennamen in die Google-Suche ein. Wer selbst nicht die Kapazitäten für ein gründliches Reputationsmanagement hat, kann diese Aufgabe auch an eine spezialisierte Agentur auslagern.

4.5 Wenn das Kind in den Brunnen gefallen ist: Reputation wiederherstellen

Manchmal ist es notwendig, eine Reputation wiederherzustellen, wenn sich negative Kommentare häufen oder durch welche Umstände auch immer ein Imageschaden entstanden ist. Leider vergisst das Internet nichts und diese Kommentare bleiben meistens für immer irgendwo stehen.

Jetzt können Sie nur noch gegensteuern, indem Sie diese Suchergebnisse nach hinten schieben und neuen, relevanteren Content produzieren. Für sehr harte Krisenfälle kann es helfen, Microsites aufzubauen für Ihre relevanten Keywords und Themen. Diese sehr kleinen, überschaubaren Seiten haben einen direkten Bezug zum Unternehmen. Im Idealfall können Sie Einträge, die Ihnen schaden, nach hinten schieben.

Hinweis zur Streuung Ihrer Webpräsenz

Generell ist es aus SEO-Sicht nicht zu empfehlen, die eigene Webpräsenz auf mehrere Domains zu streuen. Hier muss man genau abwägen, ob der Zweck die Mittel heiligt.◄

Vermarktung und Content-Seeding 5

Offpage-Optimierung bedeutet im Grunde nichts anderes, als sich außerhalb der eigenen Webpräsenz ins Gespräch zu bringen. Das kann durch Links, Auftritte in den sozialen Medien oder auch durch die Verbreitung von Beiträgen aus der eigenen Feder – dem Content-Seeding – geschehen. Es handelt sich dabei am Ende um eine klassische Kommunikationsarbeit, bei der sowohl den Suchmaschinen als auch den Internetnutzern Relevanz vermittelt werden soll.

Gute Inhalte erzeugen Traffic – eine Grundregel im Online-Marketing. Selbst wenn Sie einen Beitrag in einer Fachzeitschrift veröffentlichen, dann führt das Autorenkästchen unterhalb des Beitrags mit an Sicherheit grenzender Wahrscheinlichkeit neue Besucher auf Ihre Seiten. Je mehr Kommunikationskanäle Sie für die Verbreitung Ihrer Inhalte schaffen, desto besser.

Empfehlungen werden eben nicht nur durch Verlinkungen ausgesprochen, sondern auch durch Mund-zu-Mund-Propaganda oder über einen Newsletter. Sie können sich die Vermarktung Ihres Unternehmens und auch das Content-Seeding wie einen sehr großen Acker vorstellen. Nur indem Sie kontinuierlich neue Samen säen, können Sie sich irgendwann über eine reiche Ernte freuen.

Durch Content-Seeding erreichen Sie einen guten Akquisationsmix Ihrer Besucher – die Relevanz dieser Thematik haben wir weiter oben bereits angesprochen. Offpage-Optimierung bedeutet Kommunikationsarbeit. Sie müssen möglichst über alle Kanäle die Werbetrommel für sich rühren, damit neue Besucher zu Ihnen finden. Auch Marketing- und Pressearbeit, das Betreiben eines Blogs, Aktivitäten in den sozialen Netzwerken gehören dazu. Recherchieren Sie relevante Fachmagazine und Portale, in denen Sie auf sich aufmerksam machen können und sondieren Sie Ihre Publikationsmöglichkeiten.

© Der/die Autor(en), exklusiv lizenziert an Springer Fachmedien Wiesbaden GmbH, ein Teil von Springer Nature 2022
V. Sünderhauf, *Grundlagen der Offpage-Optimierung*, essentials,
https://doi.org/10.1007/978-3-658-38849-2_5

5.1 Spannende Formate für das Content-Seeding und Online-Kommunikationsformate

Einige Möglichkeiten der Content-Verbreitung über verschiedene Kommunikationskanäle wurden bereits genannt. Zur Inspiration finden Sie hier noch ein paar Ideen, wie Sie noch mehr Traffic auf Ihre Seite lenken können.

Besucher-Chats
Die Chat-Funktion auf der Webseite senkt die Hemmschwelle bei Nutzern, mit Ihnen in Kontakt zu kommen. Nachweislich steigern Chats die Klick- und Traffic-Conversion und Sie können in einen direkten Kontakt mit Ihrer Zielgruppe treten. All diese Vorteile wirken sich positiv auf Ihre Wahrnehmung, Ihren Kundenkontakt und damit auch auf Ihre Reputation aus.

Video-Sharing über Youtube, Vimeo & Co.
Video-Content rückt immer weiter in den Focus. Je nachdem, in welchem Themen- und Branchenumfeld Sie sich bewegen, kann sich eine Videoproduktion in mehrfacher Hinsicht für Sie auszahlen. Wie auch immer Sie persönlich dazu stehen, dass sich gerade die heranwachsende Generation über Stunden damit beschäftigt, sich ein Video nach dem anderen anzusehen: Für Ihre Offpage-Optimierung kann dieser Trend zu einem Gewinn werden. Videos können geteilt werden und erzeugen damit Aufmerksamkeit, Traffic etc.

Einen Blog betreiben
Blogs können je nach Qualität und Thema sehr viel Traffic generieren inklusive externer Verlinkungen. Auch wenn das Aufsetzen eines Blogs eher in den Bereich der Onpage-Optimierung gehört, hat er auch Effekte auf die Offsite-Optimierung. Er wird gelesen, verlinkt, zeigt Ihren Expertenstatus in einem Themengebiet und auch, dass Sie immer up to date sind.

E-Books
Die Produktion von E-Books ist schon lange kein Geheimtipp mehr, um eine größere Zielgruppe auf sich aufmerksam zu machen. Die E-Books können entweder über einen Online-Buchhandel verkauft oder als kostenloses Goodie an Kunden verschenkt werden.

Podcasts

Ein aufstrebendes Content-Format sind Podcasts. Es ist zwar relativ teuer und aufwendig, einen eigenen Podcast zu erstellen, lohnt sich aber umso mehr durch die gesteigerte Aufmerksamkeit, die Sie dadurch bekommen.

Apps

Selbst für kleine und mittelständische Unternehmen ist es heute schon finanziell möglich, sich eine eigene App programmieren zu lassen. Auch diese Kommunikations- und Marketingmaßnahme hat eine positive Auswirkung auf Ihre Offpage-Darstellung. Apps werden im App-Store vermarktet und sind natürlich ein hervorragendes Instrument, um im Gespräch zu bleiben. Wenn Sie es mit Ihrer App einmal aufs Smartphone Ihrer Nutzer geschafft haben, dann ist ein großer Schritt getan, neue Stammkunden zu gewinnen.

Document Sharing

Interessante PDFs oder PowerPoint-Präsentationen können über spezielle Plattformen verbreitet werden. Damit werden diese Formate zu Assets, auf die Sie auch in den sozialen Medien aufmerksam machen können.

Content-Seeding und Vermarktung gehen Hand in Hand mit dem Social-Media-Marketing, um das es im nächsten Abschnitt gehen soll.

Offpage-Optimierung über Social Signals

6

Als Social Signals werden Shares, Likes oder Kommentare bezeichnet, die die allgemeine Sichtbarkeit eines Unternehmens in den sozialen Netzwerken erhöhen. Ebenso wie die Bewertungen könnte man also nun davon ausgehen, dass viele positive Social Signals zum Beispiel in Form von Likes auch einen positiven Einfluss auf das Ranking haben. Immerhin handelt es sich um einen guten Hinweis auf eine hohe Qualität der Angebote und Leistungen eines Unternehmens.

6.1 Beeinflussen Social Signals das Ranking einer Webseite?

Die Antwort auf diese wichtige Frage lautet: Nein. Social Signals haben nachweislich keinen Einfluss auf das Suchmaschinenranking. Der Grund ist recht einfach erklärt. Google möchte sich mit den eigenen Rankingfaktoren nicht von den Drittanbietern abhängig machen. Noch leichter als Links oder Bewertungen lassen sich Signale in den sozialen Netzwerken fälschen. Dennoch heißt es nicht, dass Sie soziale Netzwerke ignorieren sollten, ganz im Gegenteil.

Positive Rückmeldungen aus den sozialen Netzwerken haben per se noch keine Relevanz für Ihre Positionierung in den Suchmaschinen. Dennoch wird guter Content über die Netzwerke verteilt und genau diese Verbreitung ist der entscheidende Einflussfaktor. Denn dadurch entstehen wiederum Backlinks und Erwähnungen.

Ein Beispiel

Sie erstellen einen spannenden Beitrag auf Ihrem Facebook-Profil, der von einem Follower geteilt wird. Dadurch sehen zehn weitere Facebook-Nutzer den Beitrag, liken ihn und es kommen 100 neue Facebook-Profile dazu, die wiederum den Beitrag

V. Sünderhauf, *Grundlagen der Offpage-Optimierung*, essentials, https://doi.org/10.1007/978-3-658-38849-2_6

*wahrnehmen. Wenn jeder dieser Follower auf den Link in Ihrem Beitrag klickt,
kommt Google wieder ins Spiel.* Denn jetzt wird neuer Traffic generiert, der als
direkter Rankingfaktor gewertet werden kann.

An dieser Stelle sei noch einmal erwähnt, dass Kommunikationsmaßnahmen
nicht einzeln voneinander betrachtet werden dürfen. Alle einzelnen Maßnahmen
können sich gegenseitig befruchten und zum allgemeinen Wachstum beitragen.

6.2   Die sozialen Netzwerke als Kommunikationsinstrumente nutzen

Zu den wichtigsten Netzwerken für Ihr unternehmerisches Marketing gehören die
folgenden Plattformen:

- Facebook
- Instagram
- Twitter
- Xing
- LinkedIn

Die Teilnahme an den sozialen Netzwerken muss gut überlegt sein, denn Facebook & Co. leben von Kontinuität. Es ist eher schädlich, ein Profil aufzubauen
und dieses dann zu vernachlässigen. Prüfen Sie also genau Ihre Kapazitäten und
entscheiden Sie sich lieber für 1 oder 2 Netzwerke, in denen Sie regelmäßig
aktiv sind, als auf allen Hochzeiten gleichzeitig zu tanzen. Nochmal: Es geht
beim Social-Media-Marketing nicht darum, direkten Einfluss auf Ihr Ranking zu
nehmen, sondern vielmehr darum, sich ins Gespräch zu bringen.

Analyse und Erfolgskontrolle 7

Wie bei allen Marketingmaßnahmen ist es unverzichtbar, regelmäßig einen Blick darauf zu werfen, ob Ihre Maßnahmen funktionieren oder ob es an der einen oder anderen Stelle Nachholbedarf gibt. Für die systematische Evaluierung sollten Sie Kennziffern definieren, um die Entwicklung konkret zu verfolgen. Im Folgenden empfehlen wir Ihnen noch einige Tools, die Sie für das Reporting und die Erfolgskontrolle nutzen können.

7.1 Google Analytics

Über dieses Tool können Sie verfolgen, wie sich die Besucherzahl entwickelt, von welchen Quellen die Besucher kommen und ob diese Ihre Inhalte interessant finden. Auch die Verweilzeiten geben einen wichtigen Hinweis darauf, wie Besucher die Qualität Ihrer Seiten bewerten.

7.2 Sistrix

Über das bezahlpflichtige Tool Sistrix können Sie verfolgen, wie sich die Sichtbarkeit Ihrer Domain entwickelt. Geht der Pfeil kontinuierlich nach oben, dann haben Sie einiges richtiggemacht.

© Der/die Autor(en), exklusiv lizenziert an Springer Fachmedien Wiesbaden   49
GmbH, ein Teil von Springer Nature 2022
V. Sünderhauf, *Grundlagen der Offpage-Optimierung*, essentials,
https://doi.org/10.1007/978-3-658-38849-2_7

7.3   Link Detox

Mit diesem Programm spüren Sie schlechte Links auf, die Ihnen schaden. Sie können mit diesem Tool Ihr komplettes Linkprofil managen und bei Bedarf Backlinks für ungültig erklären.

7.4   Semrush

Semrush ist ein wertvolles Programm, um einen regelmäßigen Backlink-Audit durchzuführen. Sie müssen dem Tool einen Zugriff auf die Search Console erlauben und erhalten dann eine Rückmeldung, ob es möglicherweise toxische Links auf Ihre Seite gibt oder ein verdächtiges Follow/Nofollow-Verhältnis.

Was Sie aus diesem *essential* mitnehmen können

- Wie Sie jenseits der eigenen Websiteoptimierung hohe Positionen bei Google & Co erreichen können
- Was Sie durch den Aufbau von Backlinks, Signalen aus den sozialen Netzwerken oder gezieltes Reputationsmanagement erreichen
- Einen Einblick in die Mechanismen der Offpage-Optimierung und eine Anleitung, wie Sie Ihr Ranking durch gezielte Maßnahmen verbessern können

© Der/die Herausgeber bzw. der/die Autor(en), exklusiv lizenziert an Springer   51
Fachmedien Wiesbaden GmbH, ein Teil von Springer Nature 2022
V. Sünderhauf, *Grundlagen der Offpage-Optimierung*, essentials,
https://doi.org/10.1007/978-3-658-38849-2

Printed in the United States
by Baker & Taylor Publisher Services